U0029709

快樂

一點點就好

Happy

Finding joy in everyday
and letting go of perfect.

菲恩·卡頓 Fearne Cotton　著

陳冠瑜　譯

快樂
一點點就好

目　錄

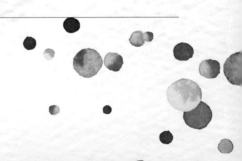

不是憂鬱症，而是快樂病

律師娘　林靜如

今年二月生完女兒貝貝後，我每天抱著她，覺得自己超幸運。距離第一胎九年之遠，本來覺得我人生該有的都有了，有個事業成功的老公，有個健康乖巧的兒子，還有自己精采的生涯，沒想到，老天竟然出乎我意料的送給我一個可愛的女兒，我可以想見，陪著她長大的日子，會有多快樂。

然而，就在貝貝大約四個月大時，一個重要的家人生病了，在探望他的過程中，我發現，生老病死，就在轉瞬之間，手上的幸福，一夕之間，就可能蕩然無存。加上那時夜裡貝貝睡得不好，我的精神狀態也因此有點恍惚，疲累的身心，讓我開始擔憂，眼前的幸福，隨時隨地會消失無蹤。

焦慮、恐懼、沮喪、憤慨，所有的負面情緒一起湧上來，一向樂觀淡定的我，失去了以前的從容與優雅，身旁的人也跟著我受到影響，特別是最親密的老公，那段時間，實在被我整翻了。所幸，婆婆先察覺了我的異狀，每天到我家來照顧我及寶寶，一肩扛下我當時的育兒重擔，還幫我做家事，煮營養的飯菜給我吃。婆婆告訴我：「妳只要想想怎麼樣可以讓自己放輕鬆、找回快樂就好了。」

於是，我試著去運動，但沒效，我在陽光下邊游泳邊掉淚。
於是，我試著找朋友聚餐，但沒用，每次約好的時間到了，我就會退縮跟朋友取消。
於是，我試著吃我過往最愛的美食，但沒用，每一口我都吞得很勉強，食不下嚥。

最後，老公說，我帶你去看醫生好嗎？好，我看了，但吃了兩次藥，我覺得似乎失去了自己，而且說不上快樂，比較像是強迫自己不去想不快樂的事。

最後，我決定不治好我自己了，該做什麼就去做，重拾因為育兒而荒廢了半年的工作，也正好符合某位藥師朋友給我的建議：做你最有成就感的事情，同時專注當下，過好每一天的生活，不要去想明天會發生什麼事情，然後，就是心懷感激，感謝每個在你身邊的人，感謝你還擁有的東西。

沒想到，在沒有服藥的狀況下，我的狀況反而一天天好起來，而且因為情緒更敏感，增加對周遭事物的洞察力，工作表現更突出，也因為對所有事物的感激，讓我心懷善意，好事一件接一件的發生，我突然覺得，我得到的不是憂鬱症，是快樂病，它讓我覺得原來所有的好事都不是理所當然，壞事也不見得是壞事，只要你懂得享受當下，心懷感激。

這一路的心路歷程，我想連同這本書，分享給大家，快樂一點點就好，只要你察覺自己要的什麼，並決定去追求它。

我也曾經憂鬱

關於快樂，我們常認爲它就在不遠的轉角、掌握在別人手上、只有特定的人才可以擁有。事實上，快樂一直都唾手可得，它藏在每一個人的內心深處，等著被發掘。

我開始探索快樂這個模糊的議題，是因爲曾經有好些日子，我並不快樂，有時候甚至跌入更黑暗的狀態：憂鬱。憂鬱是快樂的姐妹，卻灰暗帶刺。

我一直很喜歡從不同角度看世界，摸索各種情緒的感覺和邊界。但以前的我或許是太天眞和魯莽了。我渴望興奮感，就好像坐雲霄飛車那樣，性子又急，無論什麼都想趕快體驗到。還記得自己曾在日記寫下一段話：「我已經『準備好要體驗一切』。」

我拚命追求快樂，不斷往上爬得愈高愈好，至於後果，我從不考慮、也無所畏懼。當然了，爬到最頂端之後，就是從山頭狠狠地摔下來。但是拍拍屁股站起來後，我又準備好了，等不及衝向下一個山頭。我有點佩服年少時代的自己，如此樂觀，一點也不在意會碰到什麼破事。不過，老天啊！那樣過日子實在很累人。

就像很多人一樣，我認為只要擁有名氣、事業成功、身邊的人也愛著我，我就會感到「快樂」。沒錯，這一路走來是有許多快樂，但我快速且輕率的生活方式，也讓自己經常受傷、覺得空虛，只靠頭腦過活，沒聽見心的聲音。

憂鬱。很多人都經歷過這種情緒，或者知道身邊的朋友有憂鬱症。有些讀者可能會想起，自己曾一腳踩進憂鬱症這個黑暗國度，卻從不曾跟人提起。這是個人的隱私，但若能分享出來，總是比較好。我從未公開談論過我的憂鬱症，因為我怕這件事情會更加擴大，或者別人會覺得我大驚小怪，只是想要博取注意罷了。不過現在我覺得時機成熟了，可以分享我的經驗。誠實面對自己和別人，不但是一件好事，說不定還可以幫助一些人。

在這本書裡，你會看到我得了憂鬱症之後的感受，也會看到快樂的經驗。關於情緒的種種，每個人都有自己的觀點和經驗，在快樂的光譜上，不論你目前位於哪個位置──是心情很低落、過得還可以，或者感覺超棒──我都希望本書可以讓你放慢腳步，深入覺察、好好體會所有的感受。對我來說，快樂與平衡來自於敞開的胸懷與心靈，以及自制力。

現在，我喜歡簡單的事物。只要有清新的空氣、孩子的笑聲、一枝畫筆、能夠做飯給別人吃、晴朗的天空、一夜好眠，就會讓我心滿意足。我還是會對某些事感到亢奮，但我

已經知道要怎麼做才會帶來渴望中的平衡與喜樂。無可避免地，我們都將經歷許多艱辛的時刻，跟摯愛的人們告別、責怪自己、犯錯闖禍，最重要的是，學習接納這一切，並且認知到「快樂」離我們並不遠，它其實就在我們心中。

我花了好幾年向外尋求快樂，才慢慢領悟這些道理。我在好幾個國家看過日落；爬過許多高山；在派對上徹夜狂歡直到天明；完成許多艱巨的工作，我都不敢相信自己辦得到。我自覺無比幸運，擁有如此精采的經歷，許多樂趣和喜悅交織其中，它們卻沒有帶領我航向期待中的快樂之島。憂鬱症逼我往後退、緩下腳步，用冷酷無情、痛徹骨髓的方式，讓我明瞭一些道理。雖然，重新回憶這一切並且書寫下來很痛苦，但我還是很慶幸人生中有這個轉捩點出現。直到現在，我還是有可能會陷入憂鬱的黑暗之中，所以我得特別留心自己處理身邊人事物的方式。

我一點一滴地學會哪些事能讓我保持好心情。這些事因人而異，不過，我很感激自己有張快樂小清單，每當我迷失的時候，可以用這張清單引領自己走回較平坦的道路。例如畫畫喚醒了我內在的夢想家，讓我把腦海中的圖像揮灑在畫布上；做菜宛若一場靜心，讓我的創意化為佳餚呈現。

這些方法讓我的生活和人生觀產生巨大的改變。這本書將透過一些小練習和視覺化的想像，融合各種元素，幫助你的腦袋回復平靜，沉浸在放鬆與平和之中。我相信書寫是一個

非常有力的工具，在過去幾年當中，它幫助我釐清混亂的思緒，消化各種念頭、恐懼和夢想。這本書中有很多書寫的練習，我衷心希望，這個工具也能對你有所助益。

本書提供一些方法，讓你釋放頭腦的雜音，朝向美好的事物走去。其實都是簡單的小事，可以滋養你、為你帶來真正快樂的小事。不論你是在需要的時刻才翻閱這本書，或者把這本書當作每天的正向練習，我都希望它可以讓你寬心一點點、開心一點點、平靜一點點。

以筆之名，阿門！

興高采烈
精神奕奕

心平氣和
敏銳善感

怡然自得
身心均衡

當你閱讀本書時，只要看到這個彩虹圈符號，就請翻回
這一頁，看看哪個顏色代表你當下的感覺，然後做個記
號。這樣你就可以看見這段時間你的快樂指數大概分布

淡漠無感   暴躁易怒
                                      意志消沉

無精打采
冷淡　心情難過
                                      憂鬱低落
                                      喪氣消極

在哪裡。我們每天都忙得團團轉，很少花時間注意自己
的感受。這一道彩虹圖可以幫助你記錄每天情緒變化的
軌跡。

第一章　不快樂

我想要從「不快樂」開始說起，這解釋了爲什麼快樂這件事對我如此重要。我也衷心期盼，還在拚命尋找快樂的人們，可以聽到我的故事。

在寫書的過程中，我最害怕寫這一章。那段日子可以說是我人生中的黑暗期，只要回想起那段過往，我就忍不住退縮，胸口沉重，喉頭緊繃，喘不過氣。我曾想把它塵封在內心深處，假裝從來沒發生過，然而這只會讓我無法接受往事，也沒辦法與它和解。我認爲，接納是喚醒內在幸福感的重要關鍵，因此我每天身體力行這個信念。我並不喜歡人生有那段黑暗時期，可事實就是如此，我只能試著和「接納」做朋友，並且繼續努力前進。

誠實述說憂鬱

憂鬱，Depression，大寫的D。我很少談論它。如果我故意忽略那段生命經驗，不讓它存在我的話語中，或許它就會化成沙塵，隨風飄散。然而，假裝那段日子不存在，對自己一點好處也沒有，因為總會有什麼事情發生，讓你猛然回想起往事，情緒頃刻間排山倒海而來，而你手足無措。因此，與自己的過往和解，接受那些不完美的回憶，至關重要。唯有如此，當你再度捲入過去黑暗的回憶和情感時，才有能力心平氣和地處理。

想要次次平心靜氣很難，不過沒關係，我不急，我知道自己在往正確的方向前進，速度快慢也就不重要了。或許這也是我要寫這本書的原因，我決定坦誠面對生命的這一部分，把所有事實書寫出來，縱使那段黑暗的日子有些嚇人，卻也讓我更了解它，不再把它看作洪水猛獸，急著把它擋在門外。

要誠實述說並不容易，因為你立刻會面臨他人的評斷，這要很多勇氣，還必須付出很多心力。這也是為什麼我以前從未談起這個話題，我沒有力氣去處理外界可能的反應。

但是，誠實述說也讓我能夠分享自己的故事，我期盼能夠幫助一些讀者，不要再把憂鬱症視為禁忌，說不定你也曾經歷過和我類似的狀況；說不定你會喜歡在這本書上塗塗寫寫，留下自己的筆記、想法；說不定我的文字能幫助你摸索出自己的表達方式，讓你鼓起勇氣，和他人分享生命故事。坦誠地互相交流，才有意義。

憂鬱，如烏雲的擁抱

憂鬱症有許多面貌，侵襲的速度也有快有慢。某些人有家族病史，所以從小就心生警惕。我的媽媽和外婆都曾被不同程度的憂鬱症所苦，所以我一直都知道，它是如何剝奪生命裡的幸福。有時候，無常的意外事件讓你感到失落無助，跌進憂鬱的沼澤；有時候，它就是突如其來，找不到原因。我的憂鬱症綜合以上所有情況，如旋風狂暴席捲而來。

一開始我還不知道自己怎麼了，只覺得好像在一片泥沼裡拖著步伐蹣跚前進，每一步都好累人。你很難知道自己何時跨過了那條界線，從情緒低落變成憂鬱症。二十幾歲的時候，

會讓我沮喪的事情就跟其他年輕人一樣，分手啦、心碎啦、沒有自信啦，也常常覺得很迷惘。我沒有經驗可以判斷自己到底是陷入憂鬱，或者只是意志消沉。到最後，我發現自己陷入低潮的時間持續太久，仍然找不到出路，這才警覺事情不太對勁。

每個人對憂鬱症的心理、生理反應都不一樣，對我來說，憂鬱症就好像一大片烏雲。看到一團黑壓壓、像大山一樣厚重的烏雲朝我襲來，我的心就直往下沉。我內心的光芒，變得黯淡；原本樂觀飛揚的眼神，如今無精打采；皮膚也沒了光澤，和烏雲的灰暗色調相互映襯。我本來連早晨來杯咖啡這種日常小事都會非常期待，憂鬱症發作時，卻做什麼都提不起勁。

那段時間連出門都很困難，但是每天還是得上班。因為工作的關係，我得硬擠出虛假的笑容，走出門去，開啟機器人模式，做完該做的事。多半時間我就像行屍走肉，必須有人按下按鈕，我才會有所反應，因為自己根本動不了。工作告一段落後，我拿掉面具，整個人崩潰了。我淚流滿面，對一切感到麻木。

困在麻木中

每當感到麻木時，我就知道自己被困住了。你注意過嗎？生命是不斷流動的，不同的經驗和情緒總是輪番上場，純粹的快樂或哀傷都不會停留太久。所以，麻木的感覺讓我知道自己卡住了，而且是卡在一個很鳥的地方，被厚重的濃霧囚禁，找不到出口，只剩下蒼白與虛無。

我很喜歡緬懷舊日時光，從中獲得很多快樂，發病時卻完全不管用。每件事情都感覺死氣沉沉、了無生氣，彷彿只剩一層空殼，只有強烈的痛苦才能把我從這種麻木狀態喚醒。我的心跳加快，膽汁湧上喉頭，就好像是睡到半夜驚醒，發現自己有那種在跑馬拉松比賽的窒息感，這感覺令人驚慌失措，惶恐不安。

黑暗的感覺像什麼？

每個人都有**鬱卒**的時候，這是難免的。一開始你只是有點憂慮、感傷，後來這些情緒卻像滾雪球般愈滾愈大，變成生活的一大部分。或許這樣的情緒反而讓你感到安心，畢竟都跌

曾經在黑洞裡的媽媽

寫這本書開啟了我和媽媽的對話。我們很親近，卻從未討論過憂鬱症這個話題，我總是下意識地迴避它。因為寫這本書，我鼓起勇氣和媽媽聊聊，得知憂鬱症如何在家族裡世代相傳，這讓我對自己的狀況有更清楚的理解。媽媽的坦誠對我幫助很大。她是這麼說的：

邱吉爾把他的憂鬱症取名為「那隻黑狗」，我則叫它「那個黑洞」，就像掉進黑暗洞穴，無法脫身。不只是悲傷，更缺乏價值感，總是想著「這有什麼意義呢？」負面想法一直揮之不去。我媽媽有憂鬱症和焦慮症，不知是不是遺傳來的，但我知道哪些事會誘發我的憂鬱症，比如看了太多負面新聞。看到人們對彼此殘暴不仁，或看到人類殘害毫無防備力的動物，我就會陷入沮喪的黑洞。我支持許多動物保護團體，常讀到很多心碎的故事，看到人類肆無忌憚的破壞地球資源，我又陷得更深了些。明明可以有不同的選擇啊。

為了保護自己，我有時會把自己封閉起來，讓大腦休息一下。我不認為我們有能力面對和應付世界上所發生的一切。我試著對自己好一點，比如親近大自然、散散步、吃飽睡好，盡量讓生活保持單純。幫助他人和動物也會讓我有好心情。我告訴自己：妳之前也掉進黑洞過，它會過去的……明天又是嶄新的一天。

落谷底了，還有誰能夠傷害你？事情怎麼可能更糟？但多年來我已經學到了，縮在憂鬱裡絕對不會舒服，因為你所散發出來的訊息會吸引更多負面能量，如果你生性敏感，就更容易感受到黑暗。

就我的經驗來說，「黑暗」的感覺經常跟恐懼一起出現。這種恐懼不是為了讓你保持警覺或清醒，而是會瞬間消滅你的所有希望。它一口吞掉你的夢想和希望，吐出碎片殘渣。恐懼就像保鮮膜一樣捆綁你的身體，讓你的自信心窒息。它還有一個同夥不斷在你耳邊大吼：「你太可笑了，居然相信可以完成夢想。你也太自私和自大了吧！」

這種組合的殺傷力非常強大，會把夢想裡的那份純真榨得一乾二淨，讓你無法繼續前進。它會讓你想起那些不堪的陳年舊事，凡是你感到可怕、丟臉、羞愧的記憶全被翻出來，不斷盤踞心頭，就像在大銀幕放映一樣，讓你相信自己就是這麼糟糕的人，讓你無法原諒自己的種種過錯和晦暗。

陷入黑暗會讓人變得冷漠、疲憊不堪，卻又沒辦法放鬆。你的身體很想睡，但精神卻很緊繃，身心完全無法平衡。你好像掉進兔子洞，不知道出口在哪，要如何重新找到亮光。

18

心理健康協會的專業意見

我很早以前就知道心理健康協會（MIND，英國的一個心理
健康慈善機構）的卓越貢獻，也曾經拜訪過它的總部。他們
為大眾提供了豐富的心理健康知識庫，以及強韌的支持網
絡。寫這本書時他們給了我很多鼓勵，我非常感激，也很高
興能跟他們的執行長保羅・法默（Paul Farmer）小聊一下。

我：如果有人覺得自己有憂鬱症，該如何求助？有哪些跡象
　　顯示他們的心理健康出了問題？

保羅：大多數人偶而都會心情不好，但是，如果你發現自己
　　　的低潮持續好幾個星期，甚至更久，或是低潮的情緒
　　　一直反覆出現，你可能就有憂鬱症傾向。

　　　精神疾病的症狀因人而異，但就憂鬱症來說，還是有
　　　些共通的症狀。比如心浮氣躁、冷漠無感、無助、
　　　「性」趣缺缺、嗜睡或者失眠、對過去喜歡的事物失
　　　去興趣。

　　　憂鬱症患者常會和其他人脫節，鮮少跟朋友或家人聯
　　　絡。病情加重時，有些人會覺得未來沒什麼意義，還
　　　有人甚至會考慮自殺。所以，一定要盡早發現這些症
　　　狀，並且尋求協助，避免悲劇發生。

我：如果有人想得到協助，第一步該怎麼做？

保羅：當你覺得自己有精神方面的困擾，一定要向外界求
　　　援。找人談談，可以是你信任的朋友或家人，或者找
　　　家庭醫生諮詢。也可以上網找到更多支持團體。

我：跟別人分享自己的擔憂和恐懼有多重要呢？

保羅：跟親近的朋友或家人聊聊自己的感受，非常重要。他
　　　們是現成的支持系統，隨時可以伸出援手。如果你曾
　　　經跟別人聊過自己的狀況，當你的行為改變時，他們
　　　比較容易察覺，就能在你需要時再幫你一把。

　　　跟別人談論自己的憂慮、擔心和心理問題，也有助於
　　　打破精神疾病的汙名化。每個人的心理健康都有可能
　　　出問題，所以一定要讓人們明白，不用為了心理問題
　　　而覺得羞愧。我們相信，現在這個世代跟過去不同，
　　　能夠以更開明的態度面對心理問題。

我：當有人覺得自己可能有心理問題，作為一個慈善組織，
　　你們會提供什麼樣的協助？

保羅：簡單來說，本會透過諮商服務和支持網絡來幫助面臨
　　　心理問題的人。我們認為，每個經歷心理問題的人
　　　都應該得到幫助並獲得尊重；所以本會備有一系列服

務，給這些有需要的民眾。

我們有服務專線，提供多方面的諮詢服務，包括心理問題的類型、到哪裡求助，以及醫藥與另類醫療的知識等。

本會在英國有超過一百四十個地方分會，每個分會都根據當地社區需求提供不同的服務，例如談話療法、同儕支持、心理健康宣導、急難救助、就業和居家協助等。來到我們心理健康協會的人，應該都可以得到合適的協助。

另外，我們提供許多宣導手冊，也建置線上論壇，讓有類似經驗的人可以一起討論他們的問題，以及可行的解決方式。

心理健康協會的官方網站上也有很多資訊和資源，像是心理健康的知識庫、部落格文章等，還有線上串流節目，可以聆聽人們述說經歷各種心理問題的心情故事心路歷程。

我：為什麼有些人在痛苦掙扎時，會選擇封閉自己，而不是向外求救？

保羅：因為他們害怕被評斷、被外界孤立。某些人對心理疾

病的想法和反應，會讓人們在最需要協助的時候卻不敢開口。所以，讓每個人都敢於說出自己的心理問題，不用懼怕他人的眼光和想法，這一點非常重要。

我們可以做很多事來幫忙改變社會。本會和「心理疾病再思考」慈善組織（Rethink Mental Illness）合辦了一個宣傳活動，叫做「改變時刻（Time to Change）」，就是要改變大眾對心理健康的看法和做法。我們已經鼓勵了九萬五千個組織和個人，願意一同破除心理疾病的汙名。

要是你有認識的人行為舉止有異，和原本的樣子不同，譬如開始逃避人際接觸，讓你有點擔心，這時候最好詢問他感覺怎麼樣。一個人要開口向他人說我需要幫忙，其實是很不容易的，但我們可以主動關心。有時，不用直接談論心理健康議題也能了解親友的狀況，只要傳個訊息，讓對方知道你在關心他，或是約他出去喝咖啡、吃晚餐、散個步。這些不起眼的小事，對他人的心理健康有莫大助益。

把哀傷說出來

當時我深陷哀傷和驚恐的循環，不曉得自己到底怎麼了，一位很要好的朋友堅持我該去看醫生，我才明白別人已經發現我不太對勁，於是默默地坐上她的車。走進診所，醫生馬上就知道我的情況。

沒來由的低潮終於有了名字，我如釋重負。或許憂鬱症不能代表全部的我和我的思想；或許是憂鬱症選擇了我，而我也不能拿他怎麼樣。但這樣事情好像變得簡單一點點了，我的問題有了名字，就像憂鬱症只是把我暫時借走而已，我可以想辦法把自己找回來。

幸運的是，我非常喜愛和別人交流，不過，這時候我的狀況太沉重，不知道該如何表達。我明白和別人聊聊可以減輕痛苦和羞愧感，所以最後我還是鼓起勇氣，向別人坦白我的狀態。一些我生命中非常重要的人，很用心地傾聽我說的話，讓我感覺這一切總會過去的。他們對我很有信心，大力支持我，讓我安心不少。這是一個很棒的起步。

找人傾訴的時候，建議大家要愼選聽眾，要聽從自己的直覺就對了。我就曾經犯過錯，選了一個看起來堅強又有自信的人，但是我想找他談心的時候，他馬上推拖不願深談。

之後的好長一段時間，我都覺得自己有夠蠢。但現在我想通了，也許是我不該交淺言深。要和人促膝談心，找那些把你放在心上的人就好，合適的朋友或是專業人士都可以，對他們暢所欲言、敞開心房，讓他們來幫助你。和對的人傾訴，就像一份禮物，當你需要時，可以幫助你走出憂鬱症設下的險峻大關。

別讓自己被負面惡浪捲走

對我來說，藥物是幫助我從黑暗裡探頭的另一個有效工具。我吃藥的時間並不長，但那陣子的確讓我再次看到亮光，雖然麻木感依然存在，至少我能稍微感受到一點點喜悅、眞心地露出笑容。一旦開始了，你就會有力氣繼續往前，我當時就是這麼做的。

怎麼跟憂鬱症共存？怎麼處理憂鬱症？每個人都有自己的看

法和方法。對我而言，吃藥是最後手段，我只服用了一陣子，但是我仍然很感謝藥物，讓我的情況明顯改善，思緒比較清晰，能思考長期下來怎麼做比較好。只要你認為適合你的方法，就是好方法，依循直覺就對了。

現在我的新任務，是摸索出處理恐懼的方式，還有該用什麼角度看待過去。

首先，我觀察一下目前的人生，思考要捨去哪些東西。以前我對自己、對身邊的人、對這個世界，有一套見解想法，卻對心理健康沒什麼幫助，我必須改變。這要花點時間，而且剛開始時感覺怪怪的，但是我逐漸能夠把時間和精力放在真正在乎的事物上。常和正面思考的人相處，多做一些讓自己開心的事，我的思緒就不會溜到晦暗不明的角落去。

我也慢慢學著辨認出導致憂鬱的思考模式，試著不要太在意別人的想法和言論，把焦點放回到我相信的真理上，這部分我還在努力。有時候我感覺過往人生就代表我是誰，不斷質疑自己的能力，忘記了我就是人生的主宰；有時候我為了以前的過錯心煩，想著當時我要是如何如何就好了，而沒有好好享受**當下**的快樂，相信自己一切安好。我需要調整我的思

維，而不是與負面思考對抗，愈放大它們只會愈頑強。我要用新的眼光來取代這些舊的模式。

有時候我仍然會從高處跳入低潮。我可以看見黑暗在水流中湧動，不過我的思維已經不一樣了，比較不容易被漆黑惡浪捲走。了解自己的弱點和罩門很重要，才可以避開那些讓自己陷入憂鬱沮喪的情境和思考模式。

緩步離開黑暗

陷入黑暗的日子，看不到盡頭。到底烏雲何時才會散開？要怎麼做才不會被那些記憶影響？這時候，自制力和平常努力的成果就派上用場了。只要有一線光芒出現，讓我想起自己原本還好好的，還可以快樂起來，我就可以慢慢使勁爬出黑暗。只要一個念頭、小小的片刻，或是一絲正面溫暖的回憶，就可以讓光緩緩流瀉而入，烏雲逐漸消散，景物推移，氣氛改變，呼吸變得順暢，腳步也輕鬆多了。只要狀況調整好，希望、喜悅、愛、歡笑等美好，其實都仍然感受得到。

接下來，千萬不要太快就讓自己情緒高漲；突然過度興奮或

太戲劇性，同樣會帶來傷害，所以我會提醒自己要慢慢來，不要爲了麻痺負面情緒而變得亢奮激昂。我會放手讓情緒自然流過，多久都沒關係，並且試著做一些讓自己開心的事，把它們當作幫助我爬出艱難險境的階梯。

心靈容得下所有

我的朋友傑瑞・凱特（Gerad Kite）是個針灸師，技術非常好，學五行針灸（Five Element Acupuncture）超過二十年。他很會應用「鐘擺理論」（Pendulum），讓大家注意情緒的自然波動，觀察情緒從這個點擺晃到那個點，不要只是跟著它衝來撞去。不過，我們也不該強迫情緒鐘擺停留在中間地帶，把激烈的情緒摒除在外，太快樂往往讓我們感到害怕，擔心這樣的歡愉將會消失無蹤。安心享受美好的時光吧，但也要明白，它終將會結束。同樣的，黑暗時刻也有盡頭，一切都會過去。如果你跟我一樣，很容易覺得「難過」或「低落」，就放手讓這些感受自然流過，不要停留在這種狀態太久，也不用奮命逃開，或用其他情緒麻痺自己。要記得，心靈容得下所有。

針灸師傑瑞的鐘擺理論

我當針灸師快三十年了，做這行的就是要幫助人們重回身心平衡的狀態。生活歪斜時，症狀就會出現，它們是友善的使者，提醒我們腳步走偏了，身體才會生病。

從事這份工作以來，我發現人們不管出現什麼症狀，接著就會不太快樂。從五行針灸的角度來看，身體的任何症狀，都代表我們的內在已經失去平衡。

我在接受心理治療師訓練時，學到了一個治療法叫「鐘擺理論」；鐘擺是個很簡單的意象，卻可以有效幫助人們找回平衡。大家談論身心平衡時，通常會拿兩種截然不同的狀態來互相比較，就像鐘擺的兩個端點。「我是工作太認真了，還是很懶散？」「我到底是太愛玩，還是一成不變？」兩個端點之外，其實還有另一個選項，就是中間點，或叫平衡點。比方說工作量適中就好，或是晚上十一點就離開聚會，才能睡得飽。不過老實說，極端狀態似乎比較吸引人。

但如果我們想要尋得人生中真實又長久的幸福，就不該緊抓著高點不放，也不要刻意抗拒低點，這樣才能找到藏在「平靜」裡的奧祕。

「平靜」就是鐘擺的自然平衡點，本應是我們的自然狀態。我們當然可以去體驗生活中的高低點，卻不宜久留。身體或

心理之所以出問題，就是因為我們卡在高點或低點的時間太久，或是來回擺盪的次數太頻繁。不起眼的中間地帶才能帶領我們邁向平和、心滿意足的狀態。把注意力拉回中間點、抓好平衡，心理和身體也會跟著恢復平衡。

本章重點提示

Summary

說出來就對了！

如果有點消沉甚至憂鬱，別悶在心裡。找信任的朋友或是專業人士，說說心裡的感受。

摸索出解憂良方

找出生活中讓你不快樂的事情，想想怎麼做才能排除引起不快樂的因素。

心靈容得下所有

就算你很不快樂也不用驚慌，讓負面情緒流過，並提醒自己：一切都會過去的。

了解自己，才能邁步向前

在開始說我的故事，以及那些幫我找到快樂的小事之前，我想先和你檢視自己的內在，體會自己現在感覺如何。不要害怕，誠實面對，仔細觀察自己的感受，唯有如此，你才會了解人生路想怎麼走。

今天感覺怎麼樣？	糟透了	不太好	還可以	滿好的	超棒的
你的工作和生活平衡嗎？	糟透了	不太好	還可以	滿好的	超棒的
回憶起往事的感覺如何？	糟透了	不太好	還可以	滿好的	超棒的
想到未來的感覺如何？	糟透了	不太好	還可以	滿好的	超棒的
不用手機的時候感覺如何？	糟透了	不太好	還可以	滿好的	超棒的
你的大腦感覺如何？	糟透了	不太好	還可以	滿好的	超棒的
你的壓力程度？	糟透了	不太好	還可以	滿好的	超棒的
今天吃的食物嘗起來如何？	糟透了	不太好	還可以	滿好的	超棒的
你的健康狀況？	糟透了	不太好	還可以	滿好的	超棒的
運動的效果如何？	糟透了	不太好	還可以	滿好的	超棒的
嘗試正面思考時，還順利嗎？	糟透了	不太好	還可以	滿好的	超棒的
和別人溝通時感覺怎麼樣？	糟透了	不太好	還可以	滿好的	超棒的
你覺得感恩嗎？	糟透了	不太好	還可以	滿好的	超棒的
和家人相處得怎麼樣？	糟透了	不太好	還可以	滿好的	超棒的
和朋友處得還好嗎？	糟透了	不太好	還可以	滿好的	超棒的
整體來說，你的快樂程度？	糟透了	不太好	還可以	滿好的	超棒的

第二章　快樂的平衡

對我來說，要心滿意足，絕對要先做到「快樂的平衡」。說到平衡，大家應該不會馬上聯想到眉開眼笑、興高采烈的模樣，因為我所謂的「快樂」，並不是喜孜孜、甜絲絲，什麼事都好棒棒，而是泰然自若，沉著冷靜的感覺。

做一些會提升情緒的事，可以幫助你達到身心平衡。人活著總是有好多責任要扛，隨時都有壓力，所以保持平衡是很重要的。像我就得在當媽媽、上班工作、滿足創作欲等這幾件事中取得平衡，這樣我才會覺得自己對小孩、先生，以及工作都全心付出，也留給自己夠多的時間和精神。相對的，知道自己有方法可以把事情都拿捏得剛剛好，我就可以全心全意享受一切。

你的平衡跟我的平衡不會一樣。最重要的是找到自己的平衡之道，並且往這個目標不斷努力。

學習在生活中找到平衡

找到平衡其實不太容易，要是突然碰上逆境，就更加困難了。和很多人一樣，我經歷過失落、痛失親友，也受過驚嚇、創傷，有些經驗至今仍跟隨著我，我要很努力才能避免捲進負面能量，把注意力重新放回生命的正面能量上；創傷尤其難擺脫，它彷彿深入每個細胞，像水蛭般緊緊黏著我，死都不肯鬆開。每個人處理傷痛的方式不同，對我來說，在生活中找到平衡超級重要，給自己一點時間暫停、自省、自我療癒和修復，那些緊緊抓住你的東西才會開始放鬆，讓你重新看見陽光。

我是一個容易走極端的人。當我墜入愛河，我就像自由落體一躍而下，沒有降落傘保護；當我眼中有一個目標，就對身邊的許多事物再也視而不見。我的情緒感受也往往很激烈，所以，取得生活的平衡對我來說本來就不容易，需要付出很多心力，而且要時時警惕自己。

不過我覺得，還沒完全達到平衡也沒關係，這本來就要花一點時間。對人生的看法得從最基本的觀念開始改變，幾乎所有既定想法都要重新設定，速度當然快不起來。

為自己內建壓力鬧鐘

有時候我會給自己太多壓力，以致於累壞了。我想要把很多事情通通做到完美，又常煩惱自己做得不夠，或是擔心自己變得過度自滿。我很幸運，因為我喜歡當媽媽，對工作也很有熱情，所以就算要做的事非常多，還是很開心。像寫這本書時，我就活力充沛，愉悅感像泡泡般咕嘟咕嘟冒個不停。我好喜歡有個目標、計畫，讓我努力去完成，可以把自己的經歷一五一十地寫下來，更是一個宣洩情緒的管道。跟孩子相處，或是錄節目整天後，我就會寫、寫、寫個不停，寫到眼皮都要闔起來了，就算被先生拖上床睡覺，可是小孩又很早就醒來，所以我經常睡眠不足。

我很喜歡忙碌地活著，「人只能活一次」是我的座右銘。我還想做更多事，但我現在懂了，只要超過負荷的極限，我的身體和思緒就會開始抓狂，尖叫著想要一些寧靜。這是我內在的鬧鐘，提醒我該找回平衡了。

這個時代，要不過勞真的很困難，外頭有這麼多機會等著我們，各種壓力催促你拚命做事。我們可能想要或需要更努力工作，覺得自己應該更認真一點，或者要更熱絡地出門社

交，就算行程已經很緊湊，還是要儘量擠出時間。我們可能忙著照料身邊的人，卻忘了查看自己過得如何，每天都覺得時間、體力都不夠，沒辦法完成每件想做或必須做的事。

學會辨別「應該要」和「想要」

只要我又陷入這種累死人的模式，我就試著分辨哪些事情是我該做的，哪些事是我想做的。大多時候，只要你記得心中想達成的目標，就會發現即使是最無聊的「**應辦事項**」都隱含著「**想要**」的元素。比如「我**應該**上健身房」，意味著「我**想要**感覺很棒」。如果你知道這些該做的事最終會讓你快樂起來，那就去做吧！如果這個**想要**是出於恐懼和低自尊，而且會讓你感覺很糟，那就應該丟棄它，轉而投入為你帶來正向動力的事物。

只有你才能為自己的的生活找到平衡。我真心認為，你沒辦法拿自己的生活去和別人比較，你必須決定如何分配自己的時間和精力，不要看到別人在做什麼就搖擺不定。一定要自己覺得舒服自在才算數。

下面這張圖，讓你畫出自己的內建壓力鬧鐘。今天的感覺落在哪一區塊，就在那裡打個叉叉。如果你的感覺指向「壓力超大」，已經快逼近鐘響時刻，那就做一些事讓自己遠離壓力區，走入你想要的區域。

想一想，當下這一刻，有什麼小事能讓你變得快樂、平靜？

或許某一個同事工作比你認真很多，如果你不想花太多時間在工作上，那就不要逼自己要像那個同事一樣拚命，而是弄清楚自己的需求，找到會讓心情好起來的事物。

以我的例子來說，這段日子以來，我很少出門社交，因為讓我快樂的第一順位是把時間花在孩子、先生和工作上，其次才是利用白天跟朋友相聚或參與一些活動。像二十幾歲那樣晚上出門玩樂，我已經毫不考慮，也沒有力氣了。或者該說，是我**選擇**不要把精力花在那些事情上。或許未來我的想法還會再改變，但現在的我覺得這樣很好，把力氣花在最重要的事情上。

我做出了選擇，而且很快樂。偶而我也會有「錯失恐懼症」（Fear Of Missing Out, FOMO），很擔心錯過某些社交事件、聚會和訊息，不過這樣的焦慮愈來愈少，因為我從每天做的事獲得許多平衡和喜悅。這確實是一項挑戰，但如果你傾聽內心的聲音，就會知道自己真正想要的是什麼，並開始跟一些**應該**的事說再見。

為自己建立快樂量表

你已經列好了你的**想要**清單，而且感覺很棒。那要如何知道自己做過了頭，**負荷太重**？

大部分人會失去平衡，是因為害怕要是改變習慣，不曉得會發生什麼事情；或者，他們還不明白那些習慣會帶來多大的傷害。

有些人是身體狀況失衡，我年輕時就是。我總是在趕路的時候吃東西，不在意自己到底吃了什麼，又睡得少、不太休息，任這些壞習慣讓身體狀況下滑。有些人會透過暴食或節食來提升控制感，卻沒發現飲食失調的結果不會讓人生活平衡，或是心情快樂。有些人是時間分配不均衡，可能是工時太長，或是時間都花在某件事上，因此錯過其他會讓自己開心的事物。

要是我覺得生活有點不均衡、行程太滿了，我就會尖聲哭號著事情實在太多，根本顧不來。相信很多人都跟我一樣會哀叫吧！現在我學著退後一步思考、提醒自己，我有能力調整狀況，以及對事情的反應。

選擇想要的生活步調

我們真正能做的，就是注意自己心裡內建的快樂量表（請見第四十二頁）。每個人的量表都不一樣，最重要的是聆聽內心的直覺，弄清楚想把時間花在那裡。講起來很簡單，要實踐就難多了，別擔心，慢慢熟悉之後就會愈來愈上手。

從小我就喜歡追求刺激感、喜歡冒險，其他的我通通都不管，對休息或是內心平靜這些事滿不在乎，總是沒看清楚就莽莽撞撞地闖進各種情況，腳步踩得砰砰響。我會拚命工作，忙到忘了是我自己選擇要這麼忙的，還一面抱怨好累或工作量太大。是我自己選擇要用那樣的步調過生活，沒有留半點空間調整速度。現在的我已然明瞭，其實自己還有另一條路可以選擇。

給自己時間沉澱

我們經常忘了要照顧自己。如果連自己過得好不好都顧不上，根本沒辦法好好對待在乎的人。撥出時間喘息一下好像很難做到，但是唯有如此，才能在日常生活裡取得平衡。

我和先生兩人的行事曆都非常古怪，很少有固定例行的行程，所以很難安排任何計畫，不過我們偶而還是會找個保母，晚上出門約會。假如連約會的時間都擠不出來，我們也儘量撥空坐下來好好聊聊，遠離手機或任何螢幕，就只是聊天。一起愜意地講講話、放鬆一下，這感覺很棒，比討論誰洗小孩的學校制服、誰準備午餐有趣多了。每對伴侶的關係，一定有融洽親密的時候，也會有緊張爭吵的時候，對我們來說，是這些零碎片刻讓關係維持親近，對孩子和我們都很重要。

每到晚上，孩子上床睡覺後，先生總是會要我放下筆電去泡澡，我沒好氣地回嘴：「我哪有時間泡澡啊！」的確，我手上可能還有三十封電子郵件要回，還要上網買三份生日禮物給家人。不過，花半小時泡澡或許可以讓我重新專注在當下，讓腦袋休息一會兒，幫自己充電，才有力氣處理這麼多事。說不定好好休息之後，明天就能生出半個小時回電子郵件呢。每天時間都很有限，如果願意放掉一些瑣事，通常還是有一點空閒。自己的休息時間應該要看得比什麼都重要，這點我實在做得很差，所以才重複講那麼多次。

不要害怕慢下來

我心裡清楚，碰到讓我衝力十足的專案時，我之所以會積極投入，除了因為很愛忙碌的感覺，很高興長處有地方發揮之外，也是怕自己空閒無事。如果真的閒下來怎麼辦？那會是什麼感覺呢？潛伏內心的怪物會不會伺機而動，衝著我大吼？有狀況時，我有辦法處理嗎？我總是習慣性的讓自己精疲力竭、挑戰極限。現在，我很努力轉換心態，讓自己暫停一下，重新找到平衡點，並環顧周遭。

我喜歡那些可以騙自己「我還是很忙」的事情，像是瑜珈、跑步、烹飪這一類活動，因為我的腦袋休息了，但仍保有一點幸福的忙碌感。這很適合我這種大腦轉個不停的人，也適度地安撫了我潛在對於放手的恐懼。要學會偶而緩下步調、改變既有的節奏，真的很不容易，尤其是不再試著拿別的事讓自己分心，得先想好注意力該擺在哪裡。比如你可能有一些回憶和憂慮需要面對、處理，與其讓自己忙碌不堪，藉此推開、逃避這些問題，不如好好地面對才是王道。

41

以下是我自己的快樂量表。什麼事物會讓你很有動力？又該如何回到這樣的狀態呢？把這些都記錄下來吧，會很有用的。心情低落時，也試著繼續紀錄，這樣就可以大概估測自己在快樂量表的哪一端。覺得有些低落時，也會知道該怎麼做才能回到快樂的狀態。請在下一頁完成你的快樂量表。

感受 事件

幸福又滿足，身心平衡。 和家人相處，感覺身心舒爽，好好吃飯。單純的事物。

心情愉悅、活力十足。 吃可口的食物。大笑一場。和朋友在一起。瘋藝術、做料理、玩音樂，感覺創意滿點。

感覺心平氣和 出外走走。做點瑜珈。睡個好覺。

不帶情緒，淡淡地看著外界。 傾聽別人說話

能量耗盡，感覺疲乏。 拿自己和他人比較。聽到別人對自己的評論。擔心身體狀況。

低落沮喪 生活和工作失去平衡。和孩子相處的時間不夠多。

憂鬱 覺得自己不夠好。沉浸在自己內心的黑暗面，自我價值低落。

感受   事件

· · · · · · · · · · · ·   · · · · · · · · · · · ·

· · · · · · · · · · · ·   · · · · · · · · · · · ·

· · · · · · · · · · · ·   · · · · · · · · · · · ·

· · · · · · · · · · · ·   · · · · · · · · · · · ·

· · · · · · · · · · · ·   · · · · · · · · · · · ·

· · · · · · · · · · · ·   · · · · · · · · · · · ·

五個慢下來的小祕訣

大家可能覺得每天時間都不夠用，不過如果活用以下小訣竅，就可以讓時間在你掌握之中：

1. 吃東西時，慢慢吃。坐下來，一口一口地，好好享受眼前的食物。

2. 深夜記得關手機。訂個適合自己的時間，過了那個時間後就不再傳訊息或寄電子郵件。我通常是訂在晚上九點，隔天吃完早餐後才會看手機。

3. 走出家門，站在屋外五分鐘，晴雨無阻。離開常待的地方一會兒，可以調整思緒，處理接下來的事，這效果就跟抽菸一樣，但是不用吸半根菸！

4. 隨意塗鴉。工作結束後或睡覺前，除了滑手機、上網，簡單塗鴉更有益身心。只要一枝筆、一張紙，就可以隨手畫畫了。不用很會畫，光是拿筆專心塗著，對大腦就很有益處。

5. 仔細環顧周遭環境。就算身處繁忙鬧區，只要暫時抽離，觀察四周，你的內心還是可以保持平靜。看看身邊的人，靜聽周圍的聲音，聞聞空氣的味道，感受衣服在身上的觸感、每一口呼出的氣息。其實你沒有真的靜止不動，只要一點點覺知，就可以沉澱、暫停一下。

小飛俠湯姆的躁鬱症

我認識小飛俠樂團（McFly）的吉他手湯姆·弗萊徹（Tom Fletcher）好多年了，但完全不曉得他的私生活是什麼樣子。2012年，小飛俠樂團出版了一本自傳《我們的故事》（Unsaid Things: Our Story），湯姆在裡頭大方承認自己有躁鬱症，對自己的疾病侃侃而談，我才知道這件事。

湯姆這麼做真的很激勵人心，也非常勇敢。我和湯姆針對這個話題聊了好幾次，他知道他的坦承可以幫助別人，所以總是很樂意分享看法，談談他知道病情後是怎麼看待生命的。

剛開始寫這本書時，我就很想聽聽湯姆對快樂的想法，所以就和他聊聊躁鬱症對他的日常快樂量表有什麼影響。

我：哈囉！湯姆，今天過得怎麼樣？

湯姆：很不錯呀，感覺滿棒的。雖然很累，孩子和工作方面都有好多事要忙，不過我還是感覺挺好。

我：感謝你願意跟我說說你有多「腦弱」；你是這麼形容自己的吧。這麼大喇喇地暴露自己的脆弱，真的要很有膽量耶。為什麼當初你會想要公開呢？

湯姆：這個嘛，我那個時候看到有人也公開談論躁鬱症，才

45

發現還有別人跟我一樣「腦弱」。那時我的日子很不好過，偶然在電視上看到史蒂芬‧佛萊（Stephen Fry）參與的紀錄片〈與躁鬱症共存的祕密生活〉（The Secret Life of the Manic Depressive，2006年播出，BBC製作）。那一刻我感覺內心澎湃，就好像在聽別人描述我自己的生活，因此開始探索我的「腦弱」到底是怎麼回事。

我們樂團在寫那本自傳時，達成了共識——什麼事都要很坦白的寫進去，所以如果我故意不寫躁鬱症，好像不太對。而且我覺得，如果公開我的經歷可以幫到別人，哪怕只有一個人，也非常值得了。

我：你什麼時候開始注意到心理狀態可能不大對勁？

湯姆：我還很小的時候，大概十或十一歲吧，就感受過異常高亢的情緒。2003年小飛俠樂團剛成立時，我的情緒就開始出現明顯的高低起伏週期了。現在回想起小時候的感受和對事情的反應，我覺得從童年開始就有一些跡象。

我：你被診斷出有躁鬱症，在情緒低點時，憂鬱帶給你什麼樣的感覺？

湯姆：我的診斷過程其實滿複雜的，一言難盡。我看了好幾

個醫生、身心科醫師、心理學家，每個人都有不同意見。有的人斬釘截鐵地說「你有躁鬱症」，其他人則沒那麼肯定。整個過程我都很困惑，那時處於低潮狀態，真的很需要解答。不過我也因此更了解自己，最後也獲得了適合的治療和協助。

回到你的問題……低潮的感覺真糟透了，我想不到還有什麼可以讓人感覺更糟。它讓我變成最糟的自己，不管從哪個方面來看都糟到不行。

不過我的鬱症最古怪的地方，也是最難解釋的部分，不是看不見隧道盡頭，而是我根本不想看見，感覺好像你自願待在低潮裡頭，不願意想辦法走出來。

我：躁鬱症對你來說有什麼涵義？那是什麼感覺，在你的腦海裡是什麼樣子？

湯姆：我猜躁鬱症讓我最兩難的地方，就是它好像已經是我的一部分，我很怕失去它。我在高點，也就是躁期的時候，感覺自己特別有創意，活力十足，好像什麼事都辦得到，我很擔心會失去這些特質。我大概是把自己的天賦才能跟躁鬱症聯想在一起了，所以很擔心要是開始服藥控制，靈感創意也會一併消失。

我：躁鬱症怎樣影響你周遭的人？

47

湯姆：我告訴樂團夥伴時，大家好像都這樣回答：「喔，原
　　　來是這樣啊，難怪你表現得這麼像個混蛋。」哈哈。

　　　好幾年來，我低潮時讓團員受了不少氣；我知道自己
　　　很難相處，他們真的忍受很多事情。不過，要說容忍
　　　的話，我太太小琪容忍我最多。

　　　以前我鬱症發作時，小琪會說我「月經又來了」，那
　　　個時候我們對憂鬱症和躁鬱症完全不了解。

我：現在你服藥了，每天感覺怎麼樣呢？

湯姆：我現在沒吃藥了。我之前每天吃藥吃了四年，後來想
　　　停藥一陣子，可是醫生說：「既然吃藥有效，為什麼
　　　要停呢？」但是那陣子我們正在考慮結婚共組家庭，
　　　我不想一輩子依賴藥物，我覺得它已經讓我找回生活
　　　的平衡了。

　　　後來我其實是不小心把藥停掉的。有一次我們樂團巡
　　　迴演唱，我卻忘了多拿一點處方藥。我們到了一個偏
　　　僻小鎮，結果我的藥吃完了，接下來一整個禮拜都沒
　　　藥吃。這樣非常危險，我不建議用這種方式停藥，千
　　　萬不要學我！

　　　那時我好幾天狀況都很不好，但過了之後突然覺得沒

事了，等到終於回到家，已經好幾個禮拜沒吃藥，感覺滿不錯的，所以就決定先停藥，看看狀況如何。那是兩年多前的事了，之後我再也沒吃過躁鬱症的藥。現在我的心理狀態感覺超棒的，從來沒這麼好過！

我：你每天會做哪些事來照顧自己，不讓自己突然失控？

湯姆：現在我吃得很健康，飲食這部分我改變滿多的。樂團早期的時候，我很煩惱自己的體重，我覺得這也讓情緒起伏更劇烈。自從我控制住體重而且開始照顧身體，就發現精神狀況也改善不少。

　　生活上**最明顯**的改變是睡眠。我以前超級怕外星人入侵……對啦，我知道聽起來很神經，但我是說真的。大半輩子以來，對外星人的恐懼讓我幾乎每晚都醒著，一直到開始治療躁鬱症，我也同時開始接受睡眠治療，我發現，睡眠品質改善，可能會觸發低潮的事件處理起來也容易多了。

我：所以你的身體健康對心理健康影響滿大的？

湯姆：沒錯。身體感覺健康強壯，心理的感覺也會一樣。我每天早上都會在浴室地板健身十分鐘，接著洗澡淋浴，這樣的運動量會讓心率加快，活力十足，準備好迎接嶄新的一天。反過來說，覺得心情很糟的時候，

我懶得管身體狀況，還吃垃圾食物，穿得很邋遢，鬍子也不刮，身體跟腦袋是同步運作的。

我：有什麼東西或事件會誘發你的鬱症或是躁症嗎？

湯姆：當然有囉，只要我寫作時文思泉湧，或是感覺創意十足，我就知道自己躁症發作了，但沒有很嚴重，可能會持續一天、一週，也可能是一個月。跟其他躁鬱症患者相比，我的躁症算輕微的，而且老實說我還滿喜歡躁症的感覺。最困難的部分就是要注意鬱症發作。

什麼都有可能會誘發鬱症。以我來說，躁症發作時會追求一些根本不可能實現的目標，當願望達不到時所產生的失望感，就會觸發鬱症。所以在我寫歌、錄音、發行專輯的過程中，鬱症和躁症的循環模式，很明顯跟樂團年度的工作行程有關。

我：對你來說，快樂是什麼？你現在如何感受內心的喜悅？

湯姆：快樂對我來說就是一切，因為我想要孩子看到我快樂的模樣，他們帶給我很多喜悅，也是因為他們，我一定要盡力成為最好的自己。我永遠都不要讓小孩看見我以前那副模樣。因為有他們，我才會這麼積極的處理「腦弱」問題，讓自己振作起來。我知道這對很多人來說才沒那麼簡單，我的意思是，我那時主動尋求

協助、找人聊聊。跟別人說自己的感覺和情緒滿不容易的，但我覺得，開始主動講出來、誠實面對之後，生活也跟著改善了。

我：今天很高興跟你聊天，謝謝你這麼坦誠，也謝謝你願意花這些時間！你真是超級大好人。

湯姆：哇，謝謝你！你也挺不賴的喔！

來趟心靈假期

讓心靈度個假，真的很療癒，不管有沒有經歷過磨難都適用。我發覺，當我在度假的時候，最容易有突破性的進展，可能冒出很好的點子，更清楚未來要怎麼走，或是有一些靈感，讓我決心改變。平常在家，總是忙著工作或生活，蛻變就不太會發生，從日常瑣事裡抽離、讓思緒暫停一下，比較能換個角度思考，面對未來也可能更有勇氣。

如果既沒錢也沒閒，無法坐在泳池邊無所事事，又該怎麼辦呢？這時候就是要尋找空檔，給自己喘息的空間，留一些療癒和充電的時間，才能平靜下來。不用花很長的時間，或是特別排出時段，只要讓自己習慣好好生活，不要總是操勞不已。畢竟，我們是人，不是機器人！

自律一點點，等候一下下

多一點耐性，可以讓我們活得均衡又快樂，只是我們時常忽略耐心的重要性。大家捫心自問就知道，我們這個世代性子很急，什麼都要快，網路速度要光速，快遞要迅速，火車要

準時，廣告趕快跳過，因為我們沒耐心等待。我們好像失去等待的能力了，經常惱火發怒。

我自己就老是這樣。連看電視時只要進廣告，我就開始滑手機，用三分鐘掃過Instagram的資訊，因為我實在很沒耐性。不過，自律一點點，等候一下下，最後的結果總是感覺比較好、比較甜美，因為我們有時間體會成功背後的過程，付出的努力與信任，讓我們可以從中得到更多體悟。

我還是會覺得有很多目標要達成，事業上想來點不一樣的嘗試，可是這些渴望也不可能馬上實現。我努力了二十年才有今天的成就，可以坐在這裡打字寫書，而我每一刻都心懷感激。我失業過幾次，有時候別人會說我不夠好，讓我自信全失，相信你人生中也體會過這些。我現在採取的方法，就是保有信念，相信那些我覺得很棒的目標總有一天會達到。就等吧，練習耐性，等待它以意想不到的方式降臨。

耐心，幫助我度過恐懼

我懷第二個孩子──哈妮・克莉絲（Honey Krissy）的經

生命中有很多不同層面，我們覺得重要的層面，就會放多一點精神在上面。以下這張櫻桃圖，讓你能夠把心目中的均衡生活具體規畫出來。

把第一個櫻桃分成生活中的不同區塊，可能是工作、學業、家庭、運動健身等，就像畫圓餅圖一樣。而每一塊的大小，就是這些區塊目前佔據你生活的時間比例。接著，把第二個櫻桃分成你想要的時間區塊比例。你能做些什麼，讓第一個櫻桃跟第二個櫻桃看起來一樣呢？

驗，就是一個很好的例子。懷孕的那九個月實在非常難熬，每一天每一秒都噁心想吐，簡直是酷刑折磨。那時每天早上醒來，我都感覺像暈船加上食物中毒，整個人虛弱不堪。

預產期到了，孩子還不肯出來。又過了三天，那三天我痛苦得不得了，晚上翻來覆去，噁心感像海浪般一波波襲來，淹沒我全身上下。不過我還是熬過去了，只想著當下的那一天，而不去想接下來看似無盡的日子裡，我會不會每天、每分鐘都會在反胃噁心中度過。

現在回頭看懷哈妮的那段日子，真是美麗無比的體驗。我居然撐過來了，精神與身體都恢復了，簡直就是奇蹟，也讓我更珍惜自己的身心健康，只要感覺「正常」就很滿意了。認知到自己需要培養耐心，對我來說簡直難如登天。但是把眼光放遠一點，到頭來，耐心可以幫助我們度過生命中的恐懼和各種壓力。

建立「人際避風港」

除了耐性，能讓你平靜下來的友人或家人，就像你的「人際

避風港」，也可以幫助你達到均衡狀態。當你深陷負面情緒，需要有人安撫，哪些人的名字會馬上浮現你的腦海呢？

我的人際避風港是：

如果你一時片刻想不出這個人是誰，或許該找一個來囉！這些友人或家人會在你需要時伸出援手的。

有時候，你卻偏偏愛找那些會讓你更不平衡的人訴苦。我就曾經這樣，根本是自找罪受。現在，當我暴躁易怒、情緒激動時，我知道去找哪些人會讓我陷得更深，我便不會去找他們，而是找其他友人，他們會給我當頭棒喝、讓我冷靜思考、找回平衡。在這裡，我很高興可以提到好姐妹克萊兒，我身陷人際糾葛時，她給予我理智的建議、溫暖的安慰，態度真誠又心平氣和。那時我的思緒混亂不清，她倒是看得很清楚，讓一絲清明重回我的腦袋。有克萊兒和其他人出現在我生命中，我真的很幸運，需要幫助時，我就會去找他們。有這些支援我很珍惜，也希望當他們有困難時，我也同樣可以幫忙。

擺脫糾結，遠離是非

邁向均衡的艱辛路途上，避免自己捲入是非糾葛也是很重要的。有時候我喜歡品嘗一點點糾葛的滋味，把不太熟的人或是公眾人物拿來當八卦題材，可是做這種事實在不太穩妥，一不注意，自己也跟著捲進是非。本來事情跟自己無關，現在也蹚了這淌渾水，被搞得心煩意亂。要是你認識紛爭裡頭的人，那你就知道自己該退出了。

這種湊熱鬧的心理真奇怪。我們拿寶貴的精力來對別人不幸的遭遇品頭論足，卻忘了自己也有過很多傷心時刻。如果只就表面評論他人，也會招來同樣的對待，所以我現在努力提醒自己：我也歷經過困頓，也犯過錯，所以不要評斷別人。我還是會在不對的時機把精力消耗在他人的問題上，但大多時候我都在忙自己的事，或是為所愛的人忙碌，這樣子的生活方式讓我很快樂。所以，如果你想要在生活中取得平衡，遠離是非吧。

當然了，有一些紛擾是自己找上門的，你根本沒料到會發生。這種時候，你只能盡力尋找出路，降低這些是非對自己心靈的傷害。有幾次，是非找上我，我試著走出來，卻沒有

準備好，處理得不是很好，這時，憂鬱症便伺機而動，伸出魔爪攫住我的思緒，在我耳旁呢喃著蒙蔽理智的話語。如果你過去憂鬱症曾發作過，你會發現，這種不請自來的是非，簡直就是通往憂鬱症的快速捷徑。等到我脫離黑暗時期，腦袋恢復清晰之後，我明白自己一定要遠離是非，永遠不要再惹禍上身了。

這是我歸納出來的平衡方程式：平衡＝耐心＋自信＋自制力。人生路上，有時步伐不穩其實很正常，只要知道怎麼抓回均衡的節奏，一切都會沒事的。

生活有時候會讓人感覺亂七八糟。回答以下問題，試試理清
頭緒，接受那些你無力改變的事情。

你的生活中，有哪些方面感覺失衡呢？

對你來說，失去平衡是什麼感覺？

你覺得有哪些事不可能改變？

有什麼是你可以改變的呢？

本章重點提示

Summary

聆聽內心的聲音

別拿你想做的事或
時間分配,和他人
的比較;做自己想
做的事就好。若錯
失恐懼症發作,就
跟它和平共處。

注意你的
內建快樂量表

聽從你的直覺,了
解自己的需求以及
壓力臨界點,對它
們保持覺察。

花時間沉澱一下

環顧一下四周,試
著保持耐心。預留
一些空間給美好的
事物。

身心平衡又快樂的感覺，對你來說像什麼呢？
在這兒寫幾個字或畫張圖，為這章總結一下吧。

第三章　快樂的當下

活在當下到底是什麼意思？不去期待未來、不為過去懊悔、不瞻前顧後，那是什麼感覺呢？你聽到、聞到、看到什麼？你的身體感覺如何？回到當下，專注於身體的感受，而不是一直往前看、往後看。**當下**是非常有力量的，就讓所有情緒、感受流過身體，而不是把注意力放在別處，進而麻痺、忽視自己的感受。

被忽略的此時此刻

我正在享用晚餐，肚子裡滿是美食，深吸一口氣，鼻腔內香味縈繞，是家的感覺啊。我的身體過去幾天做了很多事，彷彿經歷了一場探險，現在需要好好休息。我正在快樂地書寫，文思如水流動，拍打出明快節奏，心境也回歸恬靜。

然而，只要我脫離當下，開始回想過去、計畫未來，焦慮感就充斥全身。明天工作好多，又要照顧小孩，還要做家事，屋裡才不會像跳蚤市場……一堆待辦事項讓我壓力很大，心慌意亂。我發覺，只有回到當下才能鎮靜下來，即時享受生活，細細品嘗每　口空氣，時間也慢下來了。

現今社會步調如此快速，時時刻刻活在當下不再是自然而然的事了。未來很吸引人，充滿無限可能，因為改變會成真，夢想會實現；或者因為充滿未知數、前路看似黯淡，讓你覺得害怕、毫無頭緒。同樣地，回憶過往可以給你很多喜悅，那些美好、無憂無慮的幸福時光，陽光總是和煦溫暖，但回憶也可能充滿驚懼、悔恨，好像在對你大聲吼叫，迫使你不得不回頭看。只有當下是中性的，沒有擾人的情緒或憂慮。可是，我覺得當下的重要性和意義常常被忽略。

不要把過去看得比現在重要

舉例來說，我是個非常念舊的人，不知道你們會不會這樣。我會一再回味過往好時光，感覺就像在放老電影，裡頭傳來娓娓動聽的旋律，電影裡的我從容不迫，穿梭在不同場景間，笑聲朗朗，四周的人事物都讓我陶醉不已。觀賞過的日落、啜飲過的美酒在眼前不斷放映，每場冒險嘗起來濃郁又甘甜，每幅影像看起來清晰又柔和。

我很愛回想某幾個過往的片刻，讓我記起自己還是有無憂無慮的一面。其實，我這方面的特質滿明顯的，只是有時候會因為家事、公事繁忙而遺忘。當然，我懷念的場景，不會是訂火車票、去超市買麵包這種日常瑣事，而是設定在「美好的時光」。

偶而緬懷一點舊日回憶可以帶給你不少快樂，也沒什麼壞處，但要記得，當時的你並不比今日的你更好或更差。現在的你就跟過去一樣，有能力可以掌控自己的快樂。不要拿過去和**現在**比較，這麼做不但會讓你精疲力竭，還會鑽進死胡同，別讓回憶的金黃色澤把**現在**的各種可能性都掩蓋住了。

每個人都有些回憶、際遇，讓人一想到就痛苦無比。我們會把這些回憶埋在心底深處，試圖忘記。然而，在你最意想不到的時候，它們卻會猛然出現。以下這個練習，可以讓你試著認知、接受這些回憶的存在，進而和過往和解。

什麼記憶或念頭會讓你不舒服呢？

. . . .

. . . .

. . . .

. . . .

. . . .

用一個字或一個詞來形容它給你的感覺？

. . . .

這個經驗讓你學到什麼？哪怕只有一點點，寫下來就對了：

. . . .

. . . .

只要這些回憶或念頭再度湧上心頭，試著馬上聯想到你領悟的道理。這一點領悟就值得你抬頭挺胸，肯定自己。我們沒辦法把糟糕的回憶驅走，卻可以選擇換個角度思考，看見一絲光明。

除此之外，快樂時光也可能被其他糟糕回憶取代，它們的可怕程度不輸恐怖片，會趁著我低落或缺乏自信的時候，偷偷摸摸溜進來，只為了告訴我，我不夠好、曾經犯錯、根本什麼都不配擁有。和多數人一樣，我也有很多悔恨、希望能重來的時刻，只要一想到這些回憶，身體就會有所反應——臉色漲紅，肩膀肌肉緊繃，喉頭哽住。

有時候即使是小小的悔恨，也會導致如此後果，因為我會想個不停，腦海裡不斷重複播放工作時犯的錯誤，讓它變得好像嚴重十倍。這個念頭會讓我的正面能量消失殆盡，自信心大受打擊，把我在工作上的成就和榮譽一口氣全數吞沒。

每個人一生當中，總有一些生命經歷或生活點滴，對接下來的人生留下深遠影響。我們都會犯錯，或是在遭遇一些事件後，希望它們從未發生過。不管是美好回憶或是不堪過往，都是我們的一部分，重點在於，這些回憶對我們的影響有多大？要讓這些過往回憶來決定我們是誰嗎？或者，它們就只是回憶而已？每一個片刻，都會在生命中留下痕跡，同時也不斷往前推移，帶給我們更多體驗。

所以，該如何防止不好的回憶影響今日的我們？答案很簡

單，只要深吸一口氣，暫停片刻，注意自己有什麼感受，並環顧四周，只要有一絲正面的想法，就足以和黑暗回憶抗衡；只需短短一秒鐘，你就會領悟，在這個當下，其實一切都很好。

不要讓壞經驗爲你做決定

和他人相處或是做決定的時候，不該用過往經驗去判斷，而應該根據當下狀況來回應。朝這個目標努力是很要緊的。舉個例子，有些人可能常踩到你的地雷，惹你生氣，弄得你焦慮難安。每次遇見這些人，他們又說了什麼惹毛你，你很可能立刻掉進慣有的負面應對模式，這時候你的行爲就是根據過去的記憶。

又或許，你平常太愛擔心了。你很怕坐飛機，怕暈機想吐，這些恐懼通常其來有自，可能以前坐飛機時被嚇到過，或是附近剛好有人很不舒服、很害怕。

這些過往點滴所形成的行爲模式，常讓你以爲這就是「你的個性」。拿我自己來說吧，「我叫菲恩，只要環境雜亂我就

回味一下幸福時光是很棒的！只要你記得，不要把過去看得比現在更重要。

有哪五個回憶會讓你眉開眼笑？

1)

....

2)

....

3)

....

4)

....

5)

....

會手足無措；如果有人批評我，我就會很焦慮；我連接電話都怕，因為我擔心會有壞消息。」這些特質好像是我的一部分，但其實它們是來自我過去的經驗。成長過程中，我媽媽總是把家裡收拾得井然有序，整齊乾淨，讓我覺得很舒服自在，所以我現在也很需要有條不紊的環境，感覺一切都在掌握之中。另外，當公眾人物久了，難堪事實和不實謠言聽多了，我會因為別人的批評而緊張擔心。我還接過好幾通可怕的電話，讓我感覺周遭都在天旋地轉，所以現在我很討厭接電話。我朋友都知道，如果想從我這裡得到快速又開心的回覆，就得傳訊息或是寄電子郵件。

這些特質其實不是我真正的樣子，只不過是我從過去學到的模式而已。如果我真的活在當下並提醒自己，過往模式無法掌控我，掌控權是在我手中，就會打心裡明白，家裡有點亂也沒關係；別人怎麼看我，對我的人生和自我價值一點影響也沒有；電話響起時，可能只是某個朋友心情好，打來說聲「嗨」而已。

幸好，在你驚慌失措、憂心忡忡時，只要找回當下的覺知，就能夠打破過往的習慣和模式。

每天的快樂，從「此時此刻」做起

跟很多人一樣，我會忍不住一直想著「未來的我」的模樣：
笑容滿面，過得無憂自在，沒有貸款負擔，不再懷疑自己，
還居住在一個氣候溫暖的國家。

心懷夢想實在是樂趣無窮、振奮人心，不過我也努力不要讓
美夢限制住現在的自己。有個遠大目標，的確令人志氣高昂
又熱血沸騰，不過要記得，未來的你跟現在的你，其實是同
一個人。你可能會實現夢想中的一切，但是卻不代表會從此
幸福快樂。你的事業也許會成功，買了間房子，完成學位，
升職加薪，內心卻沒有因此更快樂。

我們時不時會幻想未來，想像自己到時候的感覺，可是將來
的一切都是未知數。每天的快樂必須從當下做起。我們做了
些什麼並不重要，而是我們做事的方式，以及每天從做事過
程中得到的滿足感，才能真正代表我們是誰。抵達彩虹的終
點並不代表你會成為更好的自己，從**當下這刻**獲得喜悅，更
能享受這趟旅程！

更別提如果想到未來會令你恐懼，那就更應該活在當下，對

你才有好處。如果思考未來讓你茫然，感覺前方還有無盡的日子，你卻毫無計畫，那就試著回到現在吧。讓恐懼消散，換個心情、找回動力，暫停一下，環顧四周，聞一下手邊的咖啡香，感受衣物在身上的觸感，看看窗外的鳥兒飛過藍天。總之，把覺知拉回**此時此刻**，仔細感受一切。

不想待在當下時⋯⋯

經歷困頓磨難時，還得待在當下真的非常難過，因為我們只想逃離眼前的處境。這時候，我們會開始尋求各種方法來麻痺自我，吃東西、喝酒、購物、講八卦、殘害自己、評斷別人，我們做這些只是為了逃離當下。如果我覺得焦躁不安，會想吃零食來轉移注意力、喝咖啡來提振精神，或是拔腿狂奔，彷彿這樣就可以逃出所在的空間。不過與其胡亂抓取，也許此時真正需要的是人際支柱，找個人說說自己的煩惱，或是來個擁抱紓解壓力。關於人際這個主題，在第十章〈快樂的分享〉有詳細說明。

身處人生幽谷時，我只專注在一個念頭上：這一切總會結束。就像白天總會變黑夜、吸氣後就是要吐氣，再壞的日子也會有盡頭，就跟自然循環一樣。這時候，似乎有一股力量油然而生，改變的過程開始啟動，這個念頭讓我的壓力減輕了，知道事態一定會轉變，壞日子總會過去，我也跟著鬆了一口氣。

弔詭的是，美好時光也同樣會有盡頭。這部分我還有障礙要克服，因為我捨不得歡樂時光逝去，想把它們永遠留在生活當中。我的轉念方法，是把雋永片刻想成香水，氣味聞起來香醇甘美，只不過會慢慢散去，最後根本察覺不到香味。好日子美妙又豐富，但是轉眼間就消逝了，它之所以這麼特別、難得，就是因為有賞味期限。

好日子之所以這麼夢幻，就是因為它不會永久持續，總有一天會結束。如果我們試圖抓住不放，它的生命力也會跟著消失，沒辦法在我們的生活中來去自如。我們要有信心，這些神奇的粉紅泡泡一定會再度飄回生活中。敞開雙手，準備

不斷擔心未來計畫或境況，可能會導致焦慮感和恐懼不斷累積，甚至爆表。最近在擔憂什麼呢？全寫在下面吧！

你能做什麼、改變什麼來消除這些恐懼呢？

太好了，那就去做吧！假如你什麼都無法改變，那就只能接受事實。不過，要記得，你的韌性、堅定絕對足夠，不管接下來發生什麼，你都撐得過去。

好迎接各種酸甜苦辣，知道它們會出現，也會消逝。在此同時，我們能做的只有活在當下，細細體察四周景物。

不要急著向前衝

有時候，我們的思緒會暴衝，飛快的轉到未來式：等下週這個嚇人的考試結束，「我就輕鬆了」；那場討厭又麻煩的會談，等我把它搞定，「我就輕鬆了」。我們巴不得時間過快一點，趕快到達一個快樂、安心的所在。人生之所以匆匆忙忙，就是因為這種思考模式。

還記得小時候過暑假的滋味嗎？整整六週不用上學，卻感覺好像有六個月那麼長，天天都豔陽高照、出門和好友玩耍，開學日似乎永遠不會到來。小孩總是活在每個當下，全心享受每場遊戲，從一個片刻到下一個片刻。現在，我們老是望著前方，時間咻一下就過去了。

其實，我們大可待在當下多一點，放慢腳步，品嘗生活滋味。在當下這刻，我們的思緒清明澄澈，沒有對過去和未來的種種憂懼，就算身邊的事物一片混亂，我們還是可以作出

別再煩惱過去、恐懼未來，現在就回到當下吧。回答以下問題時，不要想太多，憑著直覺，把當下閃過腦袋的答案寫下來就對了。

環顧四周，選一樣你看得到的東西寫下來：

....

你聞得到什麼味道？

....

你的身體感覺如何？

....

這一刻，有哪些好事呢？

....

....

....

清晰的決定，讓內心保持平靜；壓力減少了，不再被喧囂淹沒。對我來說，這樣的心境就是快樂的泉源。

「摸摸救乳癌」的克莉絲

一生當中，有時候我們碰巧認識的人，對我們的影響卻舉足輕重，人生觀念也因此改變。和克莉絲・海倫嘉（Kris Hallenga）相識，就是這樣的美好經驗。

有一年，我去祕魯參加乳癌防治協會（Breast Cancer Care）舉辦的健行活動，好幾位乳癌倖存者也有參與，我和其中一人聊天，她告訴我，克莉絲和她創辦的協會「摸摸救乳癌（CoppaFeel!）」給她非常多的協助。克莉絲在二十多歲時被診斷出乳癌，一開始還被誤診，現在她的人生使命就是針對年輕女性致力宣導乳癌防治，以及定期乳房檢查的重要性。克莉絲持續不懈的努力，已經幫助了成千上萬名女性和男性，不用遭受她經歷過的痛苦。

認識克莉絲之後，我見識到她堅決、無私奉獻的精神，因此開始贊助摸摸救乳癌協會，更多了一個摯友。克莉絲和我共度了好多個美好下午，一起談天說地配咖啡（也滿常配蛋糕的），在我的婚禮上盡情跳舞，一起編織對未來的夢想、歡聲大笑。每次和克莉絲相處，她都帶給我不同啓發，我們的對話洋溢著樂觀和希望。她面對著許多困難、恐懼和噩夢，仍踏著充滿勇氣、信念和優雅的步伐前進。

每年，我們會舉辦好幾個協會活動，其中我最喜歡的是年度音樂節（Festifeel）。音樂節的規模愈來愈大，新聞版面、

公眾支持也更多，與會同歡的觀眾更給予正面回饋。這一切
成果，都源自克莉絲的一個點子。每次看到協會的活動是如
此盛大、這麼有愛，我都感覺很不可思議。

她真的好美啊！有她這個朋友，我感到無比幸運。

對於罹癌的過往，克莉絲是這麼說的：

二十二歲那年，我過得滿悲慘的。好啦，這樣說可能有點誇
張，但那時我絕對不會說自己很快樂。我當時的男友控制欲
很強，讓我非常痛苦，感覺自己一無是處。我想朝旅遊業發
展，卻不知該如何著手，而我的雙胞胎姐姐則是炙手可熱的
園藝設計師，感情方面也非常順利。總而言之，我覺得自己
的人生爛透了。我之所以沒辦法說自己快樂，因為真的不曉
得快樂這兩個字是什麼意思。小時候我很快樂，青少年時期
也是，可是到了二十歲之後，人生壓力接踵而來，我實在承
受不住。

二十三歲時我被診斷出無法治療的乳癌末期，一瞬間，我的
人生和活著的意義完全不一樣了，它讓我清楚看見生命是有
限的，逼我思考在有生之年，我究竟想要完成哪些事。我和
前男友分手了，不再覺得需要一個男人才會快樂。因為得了
癌症，我非得考量自己不可，怎麼做才能保持健康、怎麼過
日子才會開心、要和哪些人相處、做哪些事才會讓我快樂，
變成了我生活的重點。

我的乳癌因為太晚發現而無法治癒。為了避免任何人遭受和我同樣的際遇,我創辦了「摸摸救乳癌協會」;乳癌確診後兩個月,我就把所有精力和時間投注在協會上。協會受法律認可為慈善組織後,我整個人精神都來了,熱情一直延續到現在。

我相信,就是因為這份朝氣,我才有辦法存活那麼久(說到這個,我已經邁入三十大關囉)。因為得了癌症,又要經營慈善組織,我每天早晨醒來都覺得很有意義(好啦,其實也沒有每天早上)。我少了一邊的乳房,也沒有機會長命百歲,但卻找到了人生的意義。

現在,我身邊都是很棒、很好的人,因為我不再把時間花在不值得的人身上。比起生病前,我現在更清楚如何得到快樂,也更有自信了。原本我以為要等到夠老才能做到這些,但是現在我很滿足於我的單峰乳房、我的生活,以及有限的生命。但是你知道嗎?不應該等到罹患癌症或者可怕的疾病,才讓你明白生命有多麼珍貴、快樂有多麼重要。那些雞毛蒜皮的鳥事,根本不用掛在心上。

我會說,現在是我此生最快樂的時光。當然了,我不希望你們碰到癌症(雖然我講了這麼多自己的蛻變,但得癌症真的一點都不好玩)。不管生命拋出什麼難題給你,衷心祝福你也能尋得快樂,還有,記得順手摸摸乳房、檢查一下喔!

本章重點提示

Summary

昔日時光

可以緬懷往昔，但
不要因此受限。

未來他日

大可盡情作夢，但
要明白，快樂的起
點是從眼下這裡開
始，而不在他方。

當下時刻

深呼吸，看它帶來
什麼樣的感覺。享
受這份清澄、廣闊
和平靜。

快樂的當下對你來說，像什麼呢？
在這兒寫幾個字或畫張圖，為這章總結一下吧。

第四章　快樂的神采

雖然快樂來自於內心，但我們也要關照一下外表。外貌就是內心的投射，它反映了我們希望如何被看待，透露出內在的訊息。本章要討論的不是化妝或打扮，而是關於自我表達：我們會如何展現眞實的自己，或者在必要時，展現虛假的一面。這種情況經常發生在滿布鏡子的二次元世界，也就是社群網絡上……

做自己，沒什麼好怕的

別人對我們的第一印象和評價，通常是根據外表和衣著。可能一件微不足道的小事，就會讓別人認定我們是怎麼樣的人。思考如何裝扮自己是滿有趣的，但也可能變成壓力，且耗費心神。

二十幾歲時，我因為自我認同問題而掙扎不斷。我覺得自己的個性太無聊、太規矩，不夠有趣，也不討人喜歡，所以我認為要改變「外表」，讓我看起來比真實的自己更大膽、更有冒險性。我做的第一件事，就是刺青，感覺很叛逆很刺激，我希望能藉此裝扮出很酷的外在形象。我身上的刺青，大部分我都滿喜歡的，它們提醒我在生命中曾經有過這樣的經歷，以及那些曾經結識的朋友；有些刺青是來自想讓自己變得更「有趣」的渴望；後來有些刺青則是經過深思熟慮才刺上去的，比較像是某個時期的紀念。每次看到這些刺青，我就會微微一笑。

我開始刺青的那段叛逆時期，交了一群很酷的朋友。雖然我跟他們一起混，不過大部分時間我心底都默默渴望可以回家，躺在床上看書。那段日子是很好玩沒錯，我二十幾歲時

常去泡夜店、酒吧，但老實說，這跟我的本性不合，我從沒有感到自在舒服過，之所以會去，是因為覺得這樣做才合群，才「正常」（姑且不管什麼是正常）。

接著，我開始染髮，什麼顏色都試過，想像自己變成不一樣的人：一個風趣又搞怪，到了晚上不會緊張兮兮的人。直到現在，我第一次把這些心裡話寫下來，我才明白自己有多不喜歡夜晚。我喜歡窩在床上睡覺、放鬆，晚上出門從沒讓我舒服過。白天感覺新鮮又充滿機會，夜晚卻讓人疲倦、害怕，我也說不清楚為什麼。從青少年時期一直到二十幾歲，我都在抵抗自己對夜晚的不安，我這才發覺那時我背離自我的情況有多嚴重。我的裝扮、言行都沒有忠於自我，甚至連想法都違背內心真實的自己。

我把青少年時期到二十五歲左右看做是人生的實驗階段，我們會在這時候探索自己如何適應世界，學習世界運作的方式。就像探險一般，找出自己的動力來源、適合自己的人事物。我真希望當年的自己可以勇敢一些……勇於做**自己**！

大部分的人遲早都會摸索出自己的作風，不過如果你一直被困在同一個地方，渴望活出自己的本性，那就放手改變吧！

84

假如你的行動是為了取悅周遭的人、為了融入群體，不妨試試照著自己的風格做事，看看會發生什麼改變。做自己，有什麼好怕的呢？

驕傲的孔雀尾巴

現在我還是喜歡嘗試不同髮色、穿搭、彩妝，卻不再是希望變成另一個人，而是純粹為了好玩。秀出自己的孔雀尾巴，讓別人看見我想呈現的面貌，樂趣多多。自信充沛的時候，我會穿上鮮豔顏色的印花裝扮；工作緊湊的時候，我會搭配讓自己感覺很有幹勁和魄力的套裝，憂鬱、壓力大的時候，則是以黑色調、寬鬆為主，彷彿可以和背景融為一體，甚至消失不見。人可以像變色龍一樣轉換樣貌，就連行事舉止也會因為形象改變而有所不同，我很喜歡變來變去的感覺。

在流行文化界，我的偶像都是一些特立獨行的人，他們毫不在乎別人怎麼想。大衛・鮑伊（David Bowie）、黛比・哈利（Debbie Harry）、葛麗絲・瓊斯（Grace Jones）、約翰・藍儂（John Lennon）、薇薇安・魏斯伍德（Vivienne Westwood）、貝絲・蒂朵（Beth Ditto）、蒂達・史雲頓

（Tilda Swinton）、帕姆・霍格（Pam Hogg），都在我的「英雄榜」上。他們的裝扮和自我表達的方式都非常獨特，不斷引發話題。他們的風格和自信態度得到許多讚美、效仿、八卦流言和議論，但他們毫不畏懼，也不在乎群眾的反應，那是多強悍的心理素質啊。我心目中的英雄們在人群中總是昂首挺胸，一股自信從內心散發出來，每分每秒都全心享受人生。真的好棒！

近來，我比較不會在意別人對我的看法了，可要說我不再畏懼人言，那是謊話。我喜歡特異的打扮，但有時候會覺得自己應該低調一點，才不會被批評和指責。我有個朋友的穿衣風格獨特且充滿魅力，她最近也承認跟我一樣，有時參加聚會會刻意走低調路線，避免他人注目或評論。在我心中，她大膽又風趣，但她還是會因為別人看法而萌生懷疑，自我設限。所以，如果你也是這樣，要知道你並不孤單！

尋找內在「小瘋子」

認識一下你的內在小瘋子，邀請他們出來玩耍吧！要理直氣壯、誠實地做自己，是需要膽量的。說真話，違反常規，忠

你的**英雄**是誰呢？寫在下面吧。一個鼓勵你釋放出內在獨特性的人；一個為了自己和他人的幸福而勇於對抗世俗潮流的人；一個無論如何都會**閃閃發亮**的人。

於自己的風格，更需要十足勇氣才辦得到，然而，你也會因此而生氣蓬勃。

社群媒體的好處、壞處，和可怕之處

我害怕現在這個年代，我們的言行舉止和打扮都必須要依循一定的方式，才能「融入」社會，不會被他人排擠。這是社群媒體的黑暗面。

我很慶幸十五歲就開始發展事業，那時社群媒體還沒出現。我在工作上得到很多樂趣，節目進行順利就很開心（不順的話就懊惱一下下），然後照常過日子。那個年代，人們看電視或收聽廣播的時候，對於節目內容一定也有許多意見，但這些想法只會留在腦海裡，或大聲跟朋友抱怨一番，然後轉頭就忘記了。時至今日，人們看電視或聽音樂的反應，常常會發表在網路上，這些評論被保留下來，影響力一直持續，甚至還會散播出去。文字一旦被發表和分享，它的含意和意圖似乎也跟著被強化了。

今日，每個人都在演出。我們有臉書（Facebook）、IG

（Instagram）、推特（Twitter）、Snapchat、部落格和影像網誌vlog；就算**你沒有**加入這些社群網絡平台，其他人也可能會把你貼上去。現代人的文化，就是熱愛分享。這種分享風氣很美好，可以激起活力和好奇心；但是它的邪惡的雙胞胎姐妹，評斷，也在一旁伺機而動。人們在社群媒體上互相比較、打量，一小張影像都可以被放大解讀。

我很愛快速瀏覽別人的網站，在推特上得知最新八卦，藉此拖延和逃避現實。我喜歡觀看人們的生活，從他人的穿搭獲取靈感，看著美食菜餚猛流口水，對著有趣的照片貼文哈哈大笑。我也很喜歡在網路上分享自己部分的生活。別人會怎麼看我、我要如何展現自己，我都有掌控權，我很享受這種感覺。有了社群媒體，我的生活和故事不用透過流言耳語來二手傳播，我可以在網路上直接呈現自己的意見和想法，避免別人的錯誤解讀。除此之外，我可以在社群網絡拋出一些話題，讓未曾謀面的網友們一起討論，這是很棒的事。這樣的互動很有趣、很熱烈，我很喜歡社群媒體的這些優點。

有時候，我會落入社群媒體的陷阱。我了解它的規則，我知道它很膚淺，不知為何我還是會從陡峭的斜坡上滑落，捲進幻想世界。它的本質正是如此：一個幻象。我們在電影院看

電影時，可以清楚分辨現實和幻想，就算那個性感的男主角讓你心癢難耐，你知道自己不可能跟他在一起。我們可能會深陷故事情節不可自拔，但是沒關係，離開電影院後還是可以回到正常生活，不會把那些幻想看得太認真。

可是使用社群媒體時，大家好像全都搞不清楚了，把螢幕上的東西看做現實生活，我自己就常常這個樣子。週五晚上，陪伴孩子過了漫長的一天後，我會提早窩在床上，雖然累壞了但心情很好，穿著舊Ｔ恤和寬鬆長褲，準備好要睡了。……嗯……上網看一下沒關係吧。結果，IG上每個人都光鮮亮麗，穿著打扮完美無缺，看起來無憂無慮、開心快活。而我，晚上九點半就倒在床上，連件像樣的睡衣都沒穿。這種比較和自我嫌惡的心理會釀成致命的黑洞，裡頭有個細小的聲音對你悄聲說道：

「現在連出門玩耍都懶了，我真是無聊透頂。看看我的睡衣，真是糟透了，根本就不是睡衣嘛。其他人都在外面狂歡，精力充沛。我真是太可悲了，週末夜，我居然九點三十分就躺在床上。」

你繼續滑手機，看到一個名人倘佯在沙灘上，身穿比基尼吃

著漢堡，一副容光煥發的模樣。那個聲音又開始說話了：

「天啊，她居然在吃漢堡！她的腹肌還精實漂亮。至於
我……喔，天啊……看看我的『媽媽肚』！根本是派對散場
後洩了氣的氣球！早知道今天晚上就去健身房了，不應該窩
在家看時尚雜誌。天氣又這麼糟糕，為什麼我不是住在氣候
晴朗的地方，就可以穿卡夫坦長衫（kaftans），而不是一年
有十個月都要穿粗呢大衣，……實在是受不了了！」

就這樣，我們會不斷互相比較、批評自己，陷入自我毀滅的
迴圈裡。

我們何不把別人的生活片段看作是幻想世界呢？就像在電影
院看電影一樣。再說，那些在派對上亮麗的人們，很可能剛
過完慘兮兮的一天，他們手上緊抓的那一大杯雞尾酒，或許
是用來沖淡內心的混亂不安。他們或許並不喜歡那個在照片
中跟他們一起擁抱的人，並且很懊惱不應該在生理期來時，
還穿一件這麼緊的褲子，憋死人了。那個在沙灘上吃漢堡的
性感名人，內心可能超沒安全感，因為別人只會評論她的外
表。她埋頭吃漢堡時，可能默默希望別人會看到外表底下真
實的她。她也可能在出發度假前聽到一些壞消息，正在自我

反省，而陽光太猛烈了，讓她頭痛得要命。誰知道呢？……
這不過是一個片刻罷了，發生過，然後就過去了。

我在社群媒體上的照片，可能讓你以為我什麼事情都處理得
很好。嗯，再次聲明，我真的沒有這麼厲害。寫這本書時，
我還在學習讓自己快樂的生活方式，學著後退一步，觀察一
下到底發生了什麼事，才知道如何應對。我的社群媒體上可
能有一兩張照片，裡頭的我穿著可愛迷人的長裙，笑起來特
別漂亮，我跟你打包票，拍照的一小時前，我還在拚命哄三
歲的兒子吃飯，我女兒則是把沾滿義大利麵醬的雙手往牆上
抹；同時，我還得抽空接一通緊急來電、談公事，偏偏這時
又超級想上廁所。以上就是我的日常，跟照片裡穿著漂亮洋
裝的我大不相同，如果太當真，可是會大大地被誤導。在社
群媒體上，我們可以刻意呈現自己和生活，有些輕描淡寫，
有些部分則誇大修飾，讓他人相信那就是自己的樣貌。

看見自己的神采飛揚

除了比較心態和互相批評，我們也害怕活出自己的節奏，害
怕自己和別人不一樣。彷彿回到學生時代，我們非常注意身

邊的人以及他們的行為舉止。有一點點不完美就應該掩藏起來，自拍一定要從某個角度才好看、穿著打扮非得照著某個方式才能累積「**點讚數**」，愈多讚愈好。

社群媒體的這些特性實在讓我很抓狂。首先，我很擔心出生在社群時代的年輕世代，會把自我價值建立在點讚數多寡上。這種新潮流十分危險。我們做某件事的動機，應該是因為它很有意義，讓我們發自內心想做，而不是因為其他人喜歡這樣做，我們就跟著仿效。

再來，我也擔心所有「不一樣」和「獨特」的樣貌會被貼上負面標籤。為什麼我們要跟別人一樣呢？我們應該要歡慶自己的獨特之處，大方秀出來，讓全世界都看到那些特質有多棒。美感是相當主觀的，有時我會懷疑人們是不是忘記這一點了。從什麼時候開始，美有了明確定義，必須要符合一連串的標準？如果我們對美的定義都一樣，那人們一定會拚命去搶奪相同的伴侶和朋友。每個人對美的定義本來就都不相同：某些人事物對我們有股無法解釋的魔力，讓我們不知不覺想靠近。我擔心，人們使用社群媒體的方式最終會破壞這個普世價值，最後，不管是臉孔、目標、穿搭、想法，人們都只能接受單一的標準，要是有人膽敢秀出個人風格的美，

就會遭到批評和排擠。雖說每個人都有言論自由，但在社群媒體上，言論會用相當武斷的方式呈現出來：「一點也不美」、「醜死了」、「糟透了」等等。但是，美是很主觀的，不管是什麼東西，一定會有人覺得它很美。

我的腳並不好看，不過它絲毫沒妨礙到我。但如果我發布一張照片，來炫耀一雙時尚美鞋，就會有人批評我的腳。我很以自己的腳丫為榮，它們陪伴我走了三十幾年的路，讓我能奔跑跳舞做瑜珈……喔，還有穿各式各樣的夢幻美鞋。就因為它們長得不像指甲油廣告裡出現的美腳，就被別人貼上「不好看」的標籤。

幸好，我年紀夠大，也經歷過創傷，不太會在意別人批評我的小腳趾長得扭曲扁胖。不過，其他的評論我還是會有點介意。如果有人看過我的社群媒體後，寫下的評論跟我的貼文內容或事實無關，我就會很受傷，甚至情緒失控。如果有人說我工作表現不好，我會很洩氣，自尊心驅使我大聲反駁，我的吼叫既憤怒又痛苦。我會被這些言論影響，但是過一陣子，只要我有時間思考沉澱，我就知道自己為什麼會如此受傷，不是因為批評我的人把他們的恐懼發洩在我身上，而是在內心深處，我確實對自己很不滿意。我們批判自己的力道

聽見批評和壞話時，很容易迷失自我方向。試著弄清楚那些
話語從何而來、動機爲何，可以稀釋評論造成的負面情緒，
讓我們能夠繼續向前邁進。

上一次有人說你壞話時，你有什麼感覺？

你覺得他們為什麼會說出那些話？（小叮嚀：真正的答案，
通常跟你無關，而是他們自己的緣故☺）

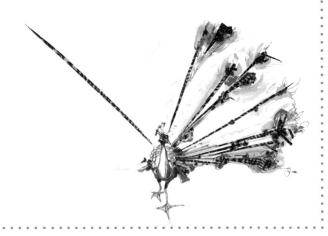

才是最猛烈的。現在我能夠辨識出自我批判的模式，處理內心的恐懼，心情恢復的速度比以前快多了。

我知道有些人很容易受這種網路言論影響，所以，一定要去理解這些莫名的刻板印象，以及社群媒體的潛規則。我們必須認知到現代社會的刻板印象就是如此，卻不需要順從它──我覺得這是一種解放與自由。記得看見自己美麗、快樂的時刻，還有神采飛揚的模樣。這些片刻，才真正值得慶祝和分享。

勇敢，大膽，做自己，活出自己的節奏！

清理「數位」毒素

我不清楚你的狀況，但我覺得大部分的人都花太多時間在手機和螢幕上。用數位產品來溝通、購物、搜尋資訊、瀏覽網頁、拖延時間，雖然帶來很多樂趣，卻也對生活有很多負面影響。我們不只會和網友互相比較，也難以專注在**當下**。

網路資訊排山倒海而來，要懂得適時推開螢幕。我因為有小

挑個合適的時間，遠離你的手機吧！把手機放在下方的框框上，整整一小時都不碰它。觀察一下自己有什麼感覺，腦海中有什麼想法浮現。沒有用手機時，你在周遭環境看到了些什麼呢？每天進行數位排毒好處多多，把數位媒體的世界拋到腦後，思緒就能恢復清明澄澈。現在就試試看吧！

孩，遠離數位產品對我來說比較容易，當我忙著照顧他們時，根本沒有餘裕看手機。不過在其他時候，我就得常常提醒自己把手機放下。我盡量避免在睡前瀏覽社群媒體，因為思緒會開始轉個不停，我需要心情平穩才能順利入睡。

另外，我覺得吃飯時也不應該配手機。跟家人或朋友用餐時，應該要把手機晾在一邊，你才能跟你的同伴好好聊天，看著他們的臉龐，聆聽他們的話語。我認為戒掉手機一段時間挺不錯的，看看你的思維方式是否會跟著改變。有一年，我和我先生傑西去度假，結果假期的第一晚，兩人的手機就被偷了。接下來超過一週的時間我們都沒辦法上網、拍照，很難跟別人聯絡，剛開始感覺很可怕又焦慮，但三天過後，我的心態冷靜多了，也更能活在當下。這趟旅行雖然沒有拍照，卻換來生動鮮明的記憶，因為沒有照片可以分享，我反而覺得好像擁有一個祕密假期，那些美好記憶只有我們兩人才能細細回味，輪不到他人品頭論足。我雖然喜歡分享照片，但這次突如其來的試驗（這不是我們想要的）卻出乎意料地帶來不少好處。

或許你覺得自己太常用手機，很想體驗一下沒手機的感覺，讓手指休息一段時間，那就試試看第九十七頁的小練習吧！

不完美又怎樣？

我有缺點、會犯錯。我曾傷害過別人，有時候還批評別人、說蠢話。我很容易臉紅。我天真過，後悔過（有幾個刺青也讓我很後悔），常常不喜歡相片中的自己，曾為了沒意義的理由喝醉過。我有時候會很沒耐心，甚至失去理智。

這些過錯，誰沒犯過呢？這就是我啊。

現在，換你列出自己的不完美清單了。

展露眞實本色

你注意過小孩子和外在環境的互動方式嗎？他們總是無憂無慮、毫不掩飾，會啪噠一聲踩進水坑，想要什麼就大喊大叫，穿著鮮豔明亮的色彩，講話率直坦白，從不思慮未來。我們可以從孩子身上學到好多東西。我在觀察我的孩子和繼子女時，常驚嘆於他們腦袋的運作模式，每個當下他們都玩得好開心，總是在找樂子，沒有絲毫顧忌。

努力展露眞實的自我，才會打從心底感到快樂，用你的方式放膽做自己，會讓你熱血沸騰、興奮不已。我有些朋友就是如此勇敢無畏，是我生命中的勵志典範。有些朋友誠實且驕傲地公開自己的性向；有些朋友勇敢地對抗疾病，並且大

聲發出強烈的訊息，提醒大眾注意健康；有些朋友則是跳脫主流，追隨自己的心，寧可遠居海外，或者踏上艱辛而不安定的道路。

至於我自己，也喜歡做些不一樣的事，體驗自由解放的感覺。我喜歡憑著直覺和自己的方式，為別人和自己創造驚喜。十七歲那年，我拚命存錢，終於買了機票飛到美國，去拜訪很久沒有往來的表親。我只和一個同齡的表親通過信，完全不知道這趟旅行會是什麼樣子，畢竟我從沒見過他們。我和父母從沒離開過歐洲，所以我的計畫好像有點瘋狂，直到飛機在洛杉磯降落，我才覺得有些恐慌。也因為這趟旅行，我和美國那邊的親戚成了好朋友，後來也拜訪了那個同齡的表親好幾次，我很高興自己跟隨直覺，發揮冒險精神。一直以來，我都把這趟旅行珍藏在記憶寶庫裡：青少年的自己，坐在一間經典美式餐廳，啜飲櫻桃可樂、吃著炸櫛瓜，像這樣新奇特別的體驗，我還經歷過不少，全都讓我內心激昂不已，視野也因此更開闊。

全心接納自己的真實本色，你會多了許多值得反覆回味的美好回憶，還會發現原來日子可以這麼有活力。

但是回想起來，很多時候我並沒有勇敢做自己。我接下某些工作，是因為可以得到他人的正面評價。我曾為了融入某些社交圈，背地裡用酸言酸語罵人；曾因為不想惹麻煩，而隨意附和他人意見；曾經過度執著於某個成就和目標，接著又陷入自我厭惡，只因為發現我差了別人一截；曾經言不由衷；曾經自以為說的話是事實，實際上卻不是。回顧這些時刻，羞愧感就快把我淹沒，身體也感覺不適，因為我知道當時並沒有忠於自我。

寫這本書時，我也曾恐慌得汗流浹背、迷失方向，落入自我懷疑和恐懼的泥淖，腦袋混沌不堪，擔心別人會嘲弄我的努力，或是把我的生命故事和想法批評得一文不值。最後我終於回歸自己的節奏，認知到只要書中內容全是肺腑之言，對我來說就是正確的抉擇，不管人們給予我什麼評價，都不會影響這個事實。

人生中，你能做的就只有這樣。只有依循著你相信的正確路途前行，最後才會感到快樂，回歸清明。

我永遠不可能變成那種毫無悔恨的人，但我希望總有一天我能夠和那些悔恨和平共處，把它們看做人生的墊腳石，雖然

不太穩，卻引領我走上正確路途。悔恨的感覺就像速成的人生必修課，逼我停下腳步，思考自己到底是怎麼一回事。我還沒完全跟悔恨和解，每每想起自己那些虛假不實的片刻，還是會因為羞愧而臉紅。或許，要達到完全接納的境界需要更多時間，需要年歲、經驗累積，還有人生洗禮。人們從成長、學習的過程中，慢慢接受自己做過的一切，才能繼續前進，步伐輕鬆自在且自制，如此一來，在地球上的寶貴時間才不會白過。我很期待自己有一天能欣然接受過去好與壞的一切，以及沒有做自己的時刻。

永不放棄自己真實的樣貌

最後，困難的是，假如我們不想要別人隨意評論我們，那我們就不應該隨意評斷他人。別人的行事作風如果不符合我們的想法，我們很容易就把這些人看做是反派角色。不幸的是，現實生活中總是有人會做出違心之舉，造成他人痛苦和困擾，可能是陌生人，也可能是你身邊的人。當你無法認同某個家人的思想觀念，或是某位朋友的行為或表達方式，與其指責他們的錯誤之處，我覺得比較好的方式是試著從他們的角度看事情。為什麼他們認為自己是對的？他們的行為是

基於眞心，出發點是因爲愛嗎？如果不是，那背後的原因是
什麼？他們在害怕什麼？提出這些問題幫助我更了解他人，
而不是一味醜化詆毀他們。

我們指出別人的錯誤時，都曾從中獲得一絲快感，可能是因
爲這樣會讓自己的錯誤顯得沒那麼嚴重吧。但眞實情況根
本不是如此。別人犯的過錯，不會讓我們自己的錯誤消失不
見，也沒有讓我們變得比別人高尚。既然你可以看出別人生
命中的過錯和問題，那麼回顧自己的過去時，應該更能夠發
覺錯誤，並且理解自己當時爲什麼會做出這樣的選擇。這麼
一來，或許才能眞正和那些失序過往達成和解。

我盡力做到事事從心出發。如果你覺得這樣做會在生活中增
添喜樂幸福，不妨試試看！假如朋友圈內有人在說別人壞
話，爲何不大膽發聲，說出眞心話呢？爲什麼不做那些會讓
你快樂的事呢？不符合常規又怎樣？爲什麼不穿上你眞正想
穿的衣服，展現你內心的眞實感受？爲什麼不抬頭挺胸、無
所畏的過活？至少我自己是絕對不會放棄嘗試的。

最真實的自我

順應生命之流，有助你活出最真實的自我，讓你活得更快樂。在圖上的墊腳石寫下內心渴望，是大是小都可以；這些渴望，會讓你更靠近真實自我，跟隨內心的聲音。

本章重點提示

Summary

展現你的孔雀尾巴

探索適合自己的事物，別害怕顯露你的真實本色。

了解社群媒體

認知社群媒體只是生活一角，而不是現實寫照。

努力成為最真實的自己

從過去的經驗學習，避開負面的思考，練習無畏地活出自己。

對你來說，快樂的**神采**是什麼樣子？
在這兒寫幾個字或畫張圖，為這章總結一下吧。

第五章　快樂的選擇

人生之所以刺激有趣，是因為我們能憑自由意志選擇。只要轉換心念，我們隨時可以改變自己的人生，往另一個方向邁進。只需要一毫秒，讓自己暫停一下，做出選擇，下定決心去做，並且保持平靜。僅僅只是覺察到這麼一瞬間的力量，就能帶來巨大的改變。

選擇的力量

能夠選擇，是最極致的自由，只是有時候我們忘記了自己有這份自由，特別是處在逆境之時，所有改變和選擇的機會似乎都不復存在。

當生活中碰到不滿意的境況，你會如何反應呢？是無力改變，害怕改變會帶來更多的混亂？還是會試著改變，看看會發生什麼事？改變並不總是輕鬆容易，特別是我們身處難關，得奮力才能掙脫，改變好像更不可能了。雖說如此，我自己卡在困境的時候，只要重新取回掌控權，做出不一樣的選擇，就算那改變很微不足道，我也會感覺安全許多，好像生活步上軌道，日子也快樂了點。真的不用一次改變很多，只要記得你擁有改變的自由，隨時可以使用那一毫秒的力量就可以了。

關於選擇的力量，有一個很好的例子是，碰到問題時，我們能夠選擇要**如何**作出回應。我們無時無刻都在對外界的情況做出反應，當有人說我們的壞話、當誘惑出現、當自尊心受到打擊，我們都會有所回應。我們的回應模式是在成長過程中，看著父母的反應，以及從看過的電影、聽過的歌中學到

的。最棒的是，雖然我們對外界的反應方式，好像是來自潛意識或是一種反射本能，但其實我們可以選擇：要用正面態度應對、用負面態度處理，或什麼都不做。

雖然現在我的脾氣已經溫和平穩多了，但還是要努力克制怒氣。我可以感覺臉頰突然泛紅，接著胸口一陣刺痛、雙手緊繃，怒氣顯而易見，快要爆炸。我會完全失控，腦袋被怒火佔據，身邊的一切都不復存在。

有很多原因會點燃我的怒火，讓我被憤怒吞噬。幸好，現在我能夠很快察覺自己為什麼會生氣。

我喜歡凡事都在掌控之中。如果四周環境看起來跟我預期的一樣，就會感到安全舒服，在這種情況下，我會比較知道下一步該怎麼辦。若是不確定的狀態，只要稍有變動，我就會重心不穩、腦袋發暈，身體一陣緊繃，因為我正試著抓回掌控權。這個特質對我有多方面的影響。只要家裡一團亂，我就會不知所措，脾氣開始**失控**；如果沒時間馬上整理，我的安全感便岌岌可危，心裡就有一小團怒火開始竄燒。

如果有人說了一些關於我的不實傳言，我會氣憤難平、破口

大罵，因為我知道自己什麼都無法改變。在我這個行業，這種事司空見慣，可是我還是不太會處理。

要是我聽說或是看到有人受到不公對待，就會氣呼呼怒罵好幾個小時，數落社會的不公不義和無知愚昧，任由這股怒氣把自己弄到精疲力盡為止。

拿回掌控權

在氣頭上的時候，我壓根忘了自己還有選擇權。我大可暫停一下，回想自己為什麼動怒，就能夠跳脫憤怒情緒，以不同方式應對。儘管我現在還沒辦法馬上平息怒火，但我正往這個目標前進。

我現在明白，是我自己選擇要生氣的，所以會盡力不被怒氣控制。矛盾的是，這才是最終的掌控權——我只要**失控**就會生氣；然而，我可以選擇不生氣，便立刻**取回掌控權**。

如果你的某個情緒或特質也會讓你失控，不妨試試我的管理方法。你可能很容易嫉妒、害怕、自尊心低落、咄咄逼人，

就算這些情緒或特質很強烈，幾乎就要凌駕一切，你還是可以改變這種情況，學習跟自己的天生**弱點**共處，而不是受它們控制。

一毫秒的暫停練習

要怎麼選擇，才不會被情緒或是負面想法帶著走呢？我認為，第一步是要搞清楚自己為什麼會有那些反應。拿我的例子來說，如果屋子亂七八糟，我的思緒也跟著亂成一團，眼前的凌亂會讓我腦海中的混亂升高，達到沸騰。所以我現在試著善用一毫秒的力量，暫停一下、做出**選擇**──與其暴怒發脾氣，我會暫停一下，察覺腦袋裡的混亂。廚房水槽等一下再清也沒關係，我先坐下來，處理不舒服的感覺和內在焦慮。學著坐下來，與混亂共處一會兒。這真的很不容易。

如果有人散播關於我的謠言或壞話，我會再次運用一毫秒的力量，往內心探尋，找出真正的痛點：我以為這一切都是因為我不好，而非對方有問題。如今，我學會去想他們不一定真的了解我的故事，他們只是把自己的擔憂投射在我身上，因為這樣比費力解決自己的問題容易多了。

與其把我寶貴的能量拿來生氣，還不如運用那一毫秒的時間
來轉念，提醒自己，別人怎麼看我眞的一點也不重要。

我還是覺得這很難做到，但至少我已經察覺到這一點了，這
是很不錯的開始，可爲接下來的努力打下良好基礎。我現在
會試著用愛取代憤怒，將意念傳送給那個說我壞話的人，因
爲他顯然也在受苦。

和情緒在一起

有人對我惡言相向時，既然我已經決定踏出第一步，不再用
憤怒回應，而是用憐憫、同理的心態處理，接下來我得好好
思考**爲什麼**那些評語對我的影響這麼劇烈。是因爲自尊心受
傷嗎？是因爲我覺得那些評語有一部分是眞的嗎？每個人面
對激烈情緒起伏時，都有不同的「處理」方式。你會爲了麻
痺痛苦而喝酒嗎？爲了填滿情緒空洞，把餅乾罐一掃而空？
上健身房只是想逃避情緒？跑去購物、帶新東西回家，好讓
自己分心？人們實在太習慣用各種外在事物來排解內在暗潮
洶湧的情緒。

別誤會了，我可沒有說不能吃餅乾喔！只是，你是因爲心情不好而做這些事，還是因爲心情愉悅？兩者可是天差地遠。假如你不爽時就習慣這樣做，問問自己：要是你什麼都不做，試著和情緒共處，學習與它們和解，有啥壞處？我們早就察覺到內心情緒的存在了，如果我們不要用那些習慣來麻痺自己，會有什麼感覺呢？

或許不會像我們潛意識所想的那麼糟吧！如果我們靜靜地讓那些不適感自然流過，就會明白內心的恐懼和憂慮帶給我們什麼感受，以後就可以想辦法沖淡它們。一毫秒的力量，幾乎違反了我們對時間的認知，這麼短暫的時間，居然能帶來這麼巨大的改變。我們可以控制自己的反應，而且要爲它帶來的後果負責，記得這兩點事實對我們有莫大幫助。最後你將會發現，只要做出不一樣的選擇，就能夠塑造出自己想要的人生。

如果改變讓你快樂，放手去做吧

目前的生活狀況，有什麼事情讓你覺得不太對勁嗎？或許是工作、伴侶、住處或朋友之間？你可能感到動彈不得、停滯

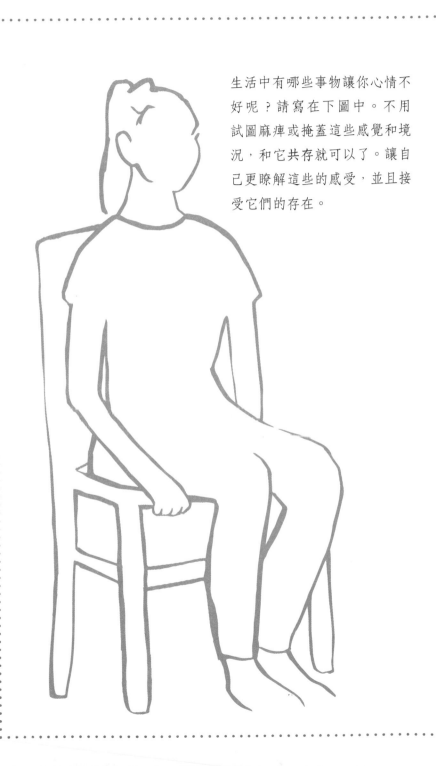

生活中有哪些事物讓你心情不好呢？請寫在下圖中。不用試圖麻痺或掩蓋這些感覺和境況，和它共存就可以了。讓自己更瞭解這些的感受，並且接受它們的存在。

不前，但事情總有選擇的餘地。你可以選擇轉換心態，或是做出重大改變，人生就此轉個彎。

如果生活中有些情況你無法改變，你至少能轉換心境，接受事實，不要再做些徒勞無功的事，還奢望情況會就此不同。

如果你知道自己有辦法改變現況，為什麼還躊躇不前？是懼怕未知嗎？還是他人的看法？又或是缺乏自信？如果你很清楚，這個改變能讓你從心底快樂起來，那就**放手去做**吧！

我離開英國廣播電台一台（BBC Radio 1）的主持工作時，很多人都說我是不是傻了。我知道那是一份很棒、很體面的工作，也很有保障，但我更清楚自己心底渴望改變。我想改變，不是因為要逃離逆境，只是單純想要嘗試別的事物，也相信我能憑著渴望，選擇自己想去的所在。在英國廣播電台當了十年主持人後，我決定轉換跑道。一開始自己也嚇壞了，感覺很怪異，但是現在我做的事情和以前很不一樣，視野擴展了，也認識了更多人。

我的人生中也碰過很麻煩又難搞的人，和那些人相處時，我沒辦法展現最好的自己，也無法表現真實的一面。有些人我可以自然而然地遠離，沒有留下太多心理創傷；有些人我無法從生活中排除，只能保持距離，以疏遠的心態和他們相處。我很努力不要讓情緒被牽動，因為那樣對我有害無益。我很清楚這些人在我生活中的位置，並且**選擇**改變情況。

如果你感覺自己有潛力在生活上做出重大改變，但還不太敢踏出第一步，那麼可以從小處開始，不用一飛沖天。先弄清楚你覺得需要改變之處，然後為它做出選擇。找出哪些墊腳石可以一步步帶領你往正確方向前進，又不會把你的世界搞得天翻地覆。如果你很清楚自己會因為改變而更快樂，那就大膽做出抉擇，朝著未知的疆域前行吧！

跟隨直覺選擇，才能綻放光芒

我二十幾歲時，人生目標就是追求事業成就，而且愈成功愈好。至於為什麼想達成這個目標，我完全沒有想過。過了好久之後，我才逐漸拼湊出答案，弄清楚背後真正的原因。

我不是為了財富或名聲才想要事業有成，在工人階級家庭長大的我，從來不曾想過要追求社會名流的生活方式。我的童年過得很快樂，家人很愛我，吃食無虞，露營度假、課餘嗜好，什麼都不缺。

我覺得，年輕又沒有皺褶的自己，之所以渴望事業成功，是因為想善用每一刻，活出最豐盛的人生。起初，我夢想在娛樂產業闖出一番名堂，因為我想要刺激的生活，而這項職業似乎符合所有要求。可是等我踏進門內，想法就不同了，我的確多了很多新鮮刺激的體驗，卻還是覺得少了點什麼。內心不斷想像其他同行的感受：很有自信、充滿幹勁、有歸屬感，而我卻格格不入，常覺得自己好像是不小心跌進電視螢幕裡，身邊的人都知道我就像個外星人。

現在我明白自己在追尋什麼，以及背後的動機，但是那時候的我走得跌跌撞撞，拚命想讓自己感覺舒服點，拿回生活的掌控權。我以為只要上了當紅節目、接下最嚇人的工作，或是把工作量塞到爆、不讓自己休息，我的內心就會感到滿足。那時候日子過得超好玩又瘋狂，有時候卻心生煩膩。我並沒有每次都跟隨自己的直覺走，內在的光芒和熱情也因此被磨滅。

你會不會覺得做出**選擇**真是困難？你可能因為思考人生重大決定，好幾個晚上睡不著；也可能因為一些小事而備感困擾。不管這些抉擇是大是小，全都寫在下面吧：

. . . .

. . . .

. . . .

接著把抉擇後的優缺點列出來，看哪個讓你比較有動力！

優點	缺點
. . . .	. . . .
. . . .	. . . .
. . . .	. . . .
. . . .	. . . .
. . . .	. . . .

現在，我是個開心的媽媽，體驗了各式各樣奇特又美好的廣播工作，而且很清楚自己的目標是什麼。我現在的夢想是跟隨創意，做讓自己感覺愉快的事，和那些讓人感覺很舒服、開心愉快的人們共處。這可以包含各種形式，比如跟家人相處；在參與的電視節目裡，跟來賓和工作團隊合作無間；從事的廣播工作，讓我能夠把正面能量透過無線電波傳播出去；或是投入可以發揮創意的專案，跟很多人產生連結，像這本書就是如此。可以把長處發揮在這些活動上，讓我感覺棒極了，所以我會持續做下去。

與其痛罵不公，不如做點好事

看到他人受傷害或被虐待時，心裡真的很難受，尤其我們所在的星球，人們的紛爭、苦難似乎永無止息。我們每天都聽聞到可怕的戰爭或基本物資缺乏，依舊在世界某處上演。

雖然苦難無數，我們必須記得，美好的事物也同樣無可計量。只不過，我們總是傾向看到不好的那一面。如今我聽聞各種悲慘經歷不會再怒聲責罵，把自己弄得精疲力盡，而是會停頓一下，用心念為那些需要的人們祈禱、祝願。

拿一枝筆在「喜悅之輪」上旋轉，轉到哪個正面行動，就著手進行吧！用正面態度來看待生活，就可以為自己注入一點幸福快樂。

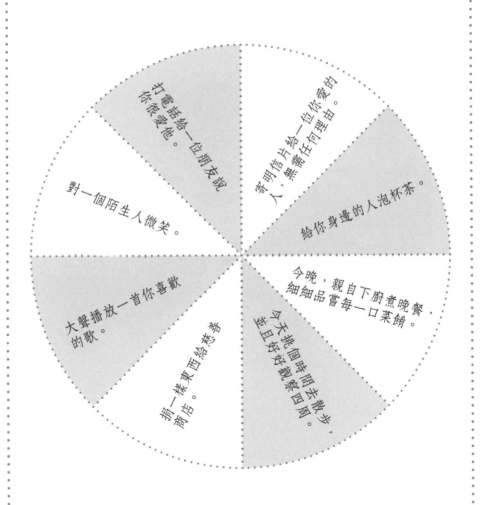

列一張「好事清單」，一定會讓你心情愉快的。花點時間感受目前生活的小確幸，會吸引更多好事發生，因為你正專注在讓自己開心起來的事物。這可是雙贏策略喔！

寫下你的好事清單吧！

1）..

2）..

3）..

4）..

5）..

6）..

7）..

8）..

9）..

10）...

生氣只是浪費時間，半點用處都沒有。把強大的心智力量用在對的地方，是比較健康和正確的做法，尤其是在我們很想痛罵一場、說人閒話時，更是如此。

得知人們在受苦，我們很自然會感到不平，**為什麼**不公不義的事情會發生？如果我們因為某一事件而氣憤難平，不如做出正面選擇，把內心的沮喪和怒氣轉化為做好事的動力。我很幸運，工作上有很多機會讓我能夠將悲傷化為行動。也因為工作，我認識了一些很棒的人，他們曾遭遇貧困病苦，或是痛失親人，我從他們身上學到好多，讓我得以去除自己的恐懼，見識到激勵人心的驚人力量。這些因善念而生的行動，可以是簡單小事，比如寄信給住院的某個人，讓他在收到信時露出微笑，感覺被愛；也可以是參加慈善路跑或是募款活動；打電話問候一位寂寞的人也算。與其痛罵、數落那些地球上的不公義，還不如做點什麼來改變現狀。

當然，幫助他人也會讓你感覺愉快。你伸出援手時，會有神奇的事情發生，你不只改變了某個人的生命，也改變了自己的。從善舉中獲得的滿足感，無與倫比。

世界上有很多善良體貼的人，大大地改變了其他人的生命，

不只受人景仰，還過得非常快樂，帶給我無窮盡的啓發。
還有，不要忘了：人們團結一心時，帶來的改變更是威力驚
人。愈多人有一樣的心念，當大家都渴望改變，凝聚起來的
力量便足以撼動群山。

結交正面思考的朋友

正面思考並不總是這麼容易，有時候反而更難，因爲要投入
更多精神、腦力，還要願意持續努力下去。自我貶抑、傷心
和憤怒就簡單多了，然而一旦這些負面思緒將我們淹沒，我
們就沒辦法把事實拼湊起來，也不能理解爲何諸事不順，因
爲我們只看到哪裡不足、哪裡不好。

在現今的文化氣氛之下，保持正面思考幾乎是違反常規。受
到廣告的影響，加上互相比較的欲望，我們不斷被提醒自己
「缺少」什麼。這些使得我們只看到自己少了什麼，忘了看
看自己擁有什麼、眼前有哪些好事正在發生。我相信，唯有
把心念放在正面的事物，並且學習接受生命中無法改變的部
分，才能眞正活出快樂的人生。唯有正面思考，內心才會比
較平靜，理智地做出決定。

有時候我也會因為負面思考而苦苦掙扎，發現事情走向似乎
不如預期而陷入恐慌。我會不斷自責，忘了人生中就算犯
錯、想錯也沒關係。每當我又掉入這種負面迴圈，和那些有
能力跳脫的人聊聊，總是受益良多。我先生就是其中之一。
他對人生和愛的見解相當開闊，能夠在幾分鐘之內讓我冷靜
下來，不再焦慮難安，這種安定力量對我來說不可或缺，所
以我很感激他就在身邊。他總是引領我走出內在風暴，讓我
再次站穩腳步。我好喜歡這種思緒清明、穩定平衡的感覺。

我覺得自己好幸運，認識很多擅長正面思考、心胸開闊的朋
友，我從他們身上學到好多、好多。

克雷格的正面祕訣

我的朋友裡，思考最正面的就是克雷格·大衛（Craig David）（譯注：英國流行歌手）。我看著他經歷事業、個人生活、星路的好幾個不同階段，然而，他的人生觀從來不曾改變。克雷格不會為了過得幸福而犧牲自己的願景或品德，也不在乎別人的看法和言語。要像他這樣，得非常勇敢，還要能夠全然接納自己。我和克雷格小聊了一下，聽聽哪些事情是他的動力來源，讓他堅持走自己的路。

我：克雷格，我認識你好幾年了，你正面思考的能力是我見識過數一數二的。是什麼讓你保持正面思考的呢？有時候會不會很困難？

克雷格：我覺得你也是呀！多年以來我一直認為，單純的小事就能讓我們快樂起來，不過有時我們反而會忽略這些事。只要早上起床，感覺自己健健康康的，身邊圍繞著朋友和家人，有屋簷可以遮風避雨、有食物可以填飽肚子、有衣服可以穿，我的內心就充滿感激。而且，我還可以透過音樂來表達自我，觸動這麼多人的生命，真是太幸運了！擁有這些，實在是很難失去動力呀。

我：你真的對自己很有信心，就是因為這樣，你對自己的創作方式也很有耐性。當身邊的人都跟你想得不一樣的時

候，你是怎麼保持冷靜的？

克雷格：我覺得，重點在於，我踏入未知領域時也覺得很舒
　　　　適自在，雖然大多數人都覺得很不自在。未知的確
　　　　會讓人不安，卻也是魔力的催化劑。

　　　　至於我是怎麼保持冷靜的？我慢慢認知到，你苦心
　　　　追求的到底是什麼，只有自己最了解，其他人根本
　　　　不清楚。所以，你就是要追隨自己的直覺，讓你的
　　　　身邊圍繞著正面積極、全力支持你和你願景的人。
　　　　身處這樣的環境，靈感才會逐一浮現。

我　：你是怎麼隔絕掉周圍負面話語的呢？還是你會將這些負
　　　能量轉化為對自己生活有助益的東西？

克雷格：就把耳機戴上聽音樂啊，然後把音量開得很大聲，
　　　　這樣滿有用的……外面的聲音通通聽不見了啊，哈
　　　　哈哈！

　　　　我慢慢了解到，我們總是會碰到麻煩的人和逆境，
　　　　所以重點是我們可以從這些事情學到什麼，然後要
　　　　鼓起勇氣，有意識的把造成負面影響的因素從生活
　　　　中移除。

　　　　說的總是比做的簡單多了，但我發現有個方法超級

有用，就是身處逆境的時候，轉而思考要如何調整自己，讓外在情況改善。

讓你快樂起來的關鍵又是什麼呢？

我：分享我所擁有的，好好愛著身邊的人，並得到愛的回報，感覺自己創意十足，生命閃閃發光。人生路上邊學、邊體驗，就是最精采的一場冒險，也是開啟內在快樂的關鍵。

今天有什麼事情惹毛你了嗎？如果**有**的話，是什麼事呢？

....

....

....

....

現在，換個角度看事情，從中找到一項**正面之處**，可能是因
此更了解自己，或是認清處境會帶來的後果。

....

....

....

....

....

本章重點提示

Summary

善用一毫秒的力量

給自己一個機會，選擇用不同的方式處理事情。

一點一點慢慢來

如果你對改變生活躍躍欲試，那就堅定地朝著新方向慢慢前進吧！

找出正面價值

面對不愉快的處境時，與其糾結在負面影響，還不如選擇看到其中的正面價值。

對你來說，快樂的**選擇**像什麼呢？
在這兒寫幾個字或畫張圖，為這章總結一下吧。

第六章　快樂的腦袋

對我來說，快樂的腦袋可以孕育出機會和正面能量，腦袋裡頭的正面選項，總是多過負面的。我們的腦袋有能力塑造出喜悅和滿足感的人生，可以構築夢想、發明、創造事物，富有想像力，它就像人的中心樞紐，總是不斷在成長，帶動改變、引領行動。用樂觀積極的方式運用腦袋，就能夠盡情築夢創造，一點也不費力。

創造快樂的心智

很多時候我們會忘記，心智是可以控制的。心智很容易讓你誤以為它才握有主導權，有時候還會如脫韁野馬般閒晃遊盪。我們要不覺得它本來就管不住，要不就是相信它有特定的運作模式，無法改變，因為我們「天生就是這樣」。

就像之前提到的，我們都忘了許多規則是自己訂定的。我們就像孩子一樣，學習辨明是非、探索適合自己的路，學習自由地做決定。我們可以創造自己的故事，而且有許多選擇。

我們發現自己有哪些特質之後，就會緊緊抓住這些標籤不放。舉個例子，我們可能對他人的批評很敏感，或者面對某些挑戰時會不知所措，我們告訴自己：「這就是我的個性啊！」這樣的想法從此烙印在心底。我們常常忘了，只要自己高興，隨時可以將內在系統重新整頓。

要完全掌握人生根本不可能，因為明天總是充滿未知數，這個世界有它運行的軌道，而我們身處其中，每天都等著看宇宙會帶給我們什麼樣的遭遇。有可能是一場冒險、一個機會、一次改寫命運的相遇、一段失落……沒有人知道會發生

什麼事，每天都要適應新的變化，唯有當腦袋不再單打獨鬥，而是和身體、靈魂融合為一體，我們才能掌管自身命運。

不管是下決定、感受情緒、說出真心話、全心全意付出愛、忠實地作自己，都需要**全部**的你共同運作，你的心智、身體，再加上一點點福至心靈的感覺。必須將各個部分的自己連線，做出的抉擇才會真正對自己有益。

光亮，將引來更多光亮

要達到這種境界，我們得付出努力、遵守紀律，才能把腦袋調整成正面思考的模式。當我掉進負面情緒，我知道我的慣性會引來更多負面事物，我忘了自己可以選擇，轉換成正面思考。與其皺眉怒視，我大可微笑；與其看到黑暗面，大可轉向四周美好的事物。

這樣一來，就會吸引更多幸福和好事，因為你不管到哪裡都是好事。光亮，會引來更多光亮。

別讓恐懼控制你

身體要養成健康好習慣，腦袋也應如此。我們會鍛鍊身體，卻鮮少保養心智，以為它一定沒問題，卻忘了我們每分每秒都在接收資訊，這些零碎資訊會影響心智的運作和效率。

你可能每天都花好幾個小時使用社群媒體，雖然明白這麼做很沒意義，身體和心靈都覺得實在有夠沉悶無聊，我們卻告訴自己：「你每天都是這樣過的，習慣它吧。」現在，做個改變！不要再看那些令人難受的東西，把手機放下，讓腦袋和身體舒服些，換你來告訴大腦現在該做什麼事。

又或許，你目前的伴侶關係並沒有帶給你幸福、滿足，反而讓你感覺受壓迫、每況愈下，可是你的腦袋卻告訴你，你大概也找不到更好的了，你的人生就只能這樣。腦袋會想出上千個理由，說服你維持現狀，所以你就繼續忽略身體、思緒和內在渴望逃離的聲音。

現在，重回駕駛座，掌握方向盤吧。告訴腦袋要想清楚，要求它和身體、靈魂共同運作，努力找出自己真正想要什麼、值得什麼。別讓腦袋裡的憂慮和恐懼控制自己。

讓腦袋休息

為了讓頭腦維持在良好狀態，每天都要做點練習，你可以伸展肌肉，好讓大腦趁機放鬆，只要感覺對了就好。如果思路卡住了，代表腦袋需要暫停運轉，除了睡覺時間以外，它也需要額外找時間休息，保留喘息餘地和放空一下，才能重新充電。如果各種靈感、想法、憂慮不斷轉動，我們是沒辦法好好做決定的。腦袋需要完全淨空，放鬆一會兒，才能在我們需要時，進入最佳狀態。

瑜珈對我來說就很有效，讓我的思緒專注在身體的動作上（請參閱本書第七章〈快樂的身體〉）。做瑜珈時，呼吸要配合動作，才能在進行不同姿勢、體位的過程中完全放鬆，不帶一絲雜念。做完瑜珈之後，我的思路通常會比較清晰，接下來的一整天也會很不一樣。

要讓大腦達到禪定境界，冥想也是很不錯的方法，但對我來說比較困難，我也想多多練習，卻會忍不住拖延。我知道冥想很有用，但我練習的量並不足以使我真正受益。我懷孕的那段時間，第一次很認真地練習冥想，當時就發現，我能把更多心思放在寶寶上，能善待自己，也比較踏實。冥想讓我

的腦袋和身體放鬆，寶寶也更為平和。當時我每天睡前都會冥想，讓我的第一胎過得比較輕鬆，懷第二胎時也舒緩了強烈的噁心不適感。假如盤腿坐在地上、努力抵擋雜念的畫面引不起你的興趣，不妨試試看我朋友荷莉的引導式冥想。

荷莉的放鬆冥想法

我很幸運透過朋友認識荷莉·克魯茲（Hollie De Cruz），她真的太棒了。我的好朋友喬約娜（Giovanna）的分娩過程平順又放鬆，讓我驚嘆不已。我第一次生產，就是生兒子雷克斯那時，過程漫長且非常激烈，一點也不輕鬆。喬約娜的經驗讓我不可置信，於是問了她很多問題。

原來，喬約娜是跟催眠生產專家荷莉學習。當我懷上第二胎女兒哈妮時，我知道一定得試試這個方法。第一次和荷莉見面，她帶我做了一些引導式冥想，幫助我度過長達九個月的晨吐之苦，她教導的視覺想像，讓我可以從二十四小時不間斷的噁心感中稍微舒緩一點，因為我的思緒放在別的事物上。我體驗到這套催眠生產法是多麼有效、在生產時可以如何使用。

我生哈妮時，應用了荷莉的冥想法和視覺想像，比生雷克斯時冷靜多了。荷莉也寄給我一些引導式冥想法，我懷哈妮時幾乎每晚都會聆聽，生產時也一樣。我的心智強壯多了，身體也更有自信而無懼，因為我明瞭身體的能耐，心情也放鬆了下來，整個生產過程都很平順、不可思議。

現在，我會拿荷莉的MP3音檔來助眠，或是在通勤搭車途中聆聽、冥想五分鐘。視覺想像的力量可以徹底改變狀況，讓腦袋走在你希望的方向上。

接下來的引導式冥想，提供絕佳的逃離管道，讓你在不知所措或壓力過大時喘口氣。重複多讀幾次，記住大概的內容，如果可以請伴侶或朋友念給你聽，那就更好了。你閉上眼睛、進入休息模式，放輕鬆，跟隨指示。將注意力放在呼吸及腦海中的畫面，讓腦袋休息……

請閉上眼睛，開始之前，先花點時間讓自己感覺舒適。過程中，你隨時都可以調整姿勢。現在開始察覺每一口呼吸，吐氣時讓肩膀自然下沉，讓自己全然放鬆。

充分地呼吸，深深地呼吸。吸入平和安詳的氣息、吐出緊張焦慮的情緒，讓空氣一路流入胸腔、沉入腹部，游動到雙腿，最後腳底會感覺麻麻刺刺的，達到完全放鬆。

現在把注意力放在眼睛上，感覺它們很舒服，接著感覺前額和太陽穴也跟著放鬆，抬頭紋都散開、消失不見；假如你還皺著眉，輕輕放開眉心，注意一下放鬆的感覺有多棒。再來，感覺到鼻子、臉頰、口腔和下巴也一一進入深沉的放鬆狀態。把舌頭放到上排牙齒的後方，讓下巴得以收縮。一點一點的，你愈來愈平靜、愈來愈輕鬆。

隨著每一次呼吸，你都讓自己更加放鬆；吐氣時，讓肩膀下沉，和身體其他部分自然合為一體，感覺肩膀變得多麼放鬆、柔軟。你的身體已經完全放鬆了，感覺所有的不安和焦慮都飄散遠離。

現在，透過你的心靈之眼和想像力，請你想像眼前就是一片湛藍天空，而你正處在自己最喜歡的大自然景色中，這個地方可能取自童年回憶，或是現在喜歡的地方，也可能是你幻想出來的。想像自己就在那裡，感覺非常安全，沒有焦慮、沒有憂愁，只要做自己就好，享受一下這種美好的感覺，多麼令人踏實、安心。

環顧四周，注意所有事物，察看你所站立的地面——可能是乾草，或是溫暖的沙子，感覺一下光腳踩在上面是什麼感覺。也要聆聽周圍的聲音。或許你聽到鳥鳴啁啾、樹葉隨著微風沙沙作響；或者是潺潺流水聲；也可能是海浪輕輕拍打岸邊的聲音。這些聲音讓你心神安定、心平氣和，感覺無比安全。請注意陽光灑在皮膚上暖洋洋的感覺，或許，你能感受到溫暖的金黃光芒正撫慰著全身每個部分。

接下來，請你在腦海中想像數字，從十倒數到一，同時感覺到一股暖流游動到全身，讓你更加平靜、放鬆。

現在，開始倒數。十……感覺有一股暖意緩緩的從頭部流動到臉部；九……感覺亮光散布到脖子和肩膀，這些部位跟著放鬆下來；八……手臂也感受到溫暖，手肘因此放鬆、變得柔軟；七……雙手輕放在大腿或身體兩側，感覺這股平和的能量從手掌一路流入指尖；六……讓亮光湧入胸腔和腹部；五……把光芒和愛都吸到身體最深處；四……感覺暖意讓你的骨盆、臀部都放鬆，釋放所有壓力；三……光亮往下流動

到大腿，包圍住膝蓋；二……腳底和腳趾感覺有點麻麻刺刺的，一……全然放鬆的美妙感覺，沒有一絲憂慮，只有快樂、祥和。

你可以持續停留在這個境界，休息一下，享受全身放鬆感。記得，只要你有需要，隨時都可以來到這處寧靜所在。

只要維持舒服姿勢，調整呼吸、吸入平靜，吐出焦慮，就能夠達到純然的平和、安詳。這麼做時，你就能夠慢慢拋卻憂慮，進入更深沉的放鬆。隨著一次又一次的練習，要達到這種放鬆狀態會愈來愈容易。

所以呢，繼續調息、放鬆，讓辛苦許久的腦袋和身體來場大休息吧！你應該對自己好一點。現在這一刻，沒有人想要、需要任何東西，除了休息、放鬆之外，什麼也不用做。

學習用冥想來放鬆，會讓你心情平穩、更有自信，從日常生活中就會顯現出來。你會很享受冥想帶來的各種好處的，因為你知道放鬆的方法了，需要時就能派上用場，生活裡的種種壓力也變得比較容易排解。

現在，請你從一數到五，然後張開雙眼，把覺知放回這個房間裡，感覺心靈更為敏銳、身體更有活力，心情也平靜下來，感覺自信十足。

你專屬的創意儀式

假如冥想不適合你，或許你知道某個活動可以讓你的腦袋放空，什麼活動都好，在生活中試試看，讓你的腦袋暫停一下。即使是散步走路，只要把注意力放在每個腳步上，而不要整路滑手機，腦袋都能得到休息。

對我來說，繪畫一直都是幫助我找回平衡的最佳活動，它讓我回到原點，記起自己的真實本質，平復全身的細胞。每次創作都像一趟旅程，帶我經歷潛藏在意識下的各種情緒，一開始，我會有點緊張，擔心畫作成果和我的期待有所差距；接著，看到圖樣慢慢成形，心情跟著雀躍了起來。我會感受到一連串不同反應，一下子情緒激昂、動力十足，一下子又因為犯了錯而惱怒心煩，不過，最終的感受總是充盈著純粹的喜悅。每次我把名字簽在畫布下方之後，內心總是安詳無比：我創造出一件作品了。在這個當下，不管他人能不能領略我的畫作，或是從中找到情緒共鳴，對我來說根本無關緊要。我投入在創作上的時間可能是幾分鐘、幾小時，其中盡情揮灑靈感的過程，才是真正滋養我靈魂的精髓。

就算你不擅長畫畫，還是可以用它來紓壓。單單只是用筆在

紙上塗鴉，一連串催眠的力量就會因此迸發，只要敞開心胸，就能大有收穫。藝術沒有設限，每個人都可以盡情探索、各取所需。

找尋揮灑創意的管道

我畫畫時，會使用誇張的色彩和元素來描繪眼前事物，這對我來說很重要。畫臉部表情時（這是我最喜歡的繪畫主題），我通常會把眼睛放大，因為我覺得那是人們的靈魂之窗，即使畫作不能言語，眼睛卻會訴說故事，傳達畫中人真實的感受。另外，我可能還會強調頭髮、前額的色澤，並且加重力道，讓觀眾注意到畫作裡的光線帶來的感受。如果筆下的人物流露出較多的陽剛氣質，我就會用比平常粗曠的筆觸來畫。

我有個好朋友叫溫國興（Gok Wan），和我一樣十分熱衷於繪畫，但是風格跟我截然不同。他會用塑膠刮刀，把繽紛的日本製墨彩塗抹在白色畫布上，盡情展現自己的藝術靈感。這樣的創作方式，呈現出色彩龐雜的畫面，裡頭則藏著一則訊息或是故事，等待觀眾發掘。藝術沒有設限，每幅畫的取

景，取決於創作者當下的情緒和心智狀態，完成之後，作品背後的含意，或許會有人加以詮釋，也或許不被人理解。

喬納森‧約（Jonathan Yeo）是我最喜歡的藝術家之一。他創作時會把巨型畫布的某些部分粗略磨損，讓原本精細繪製的作品有一大塊顏色褪去，變得模糊、看不太清楚。他筆下的一些知名人物，看起來好像尚未完成，讓你可以自行想像其中故事。在現實生活中和他人相遇時，也是這樣啊！這種表達藝術的方式真的很棒，因為我們永遠不可能百分之百了解另一個人，即使我們以為可以，事實上卻做不到。

我自己在作畫時，只要度過一開始想拖延的怠惰感，呆傻的感覺就會隨之而來。不是那種灰撲撲、死氣沉沉的呆滯感，而是好像時間暫停了，生理上的各種欲望都消散在畫布上，思緒不曉得停止運作了多久。那個當下，我感受到**純然的喜悅**！我好幸運，能夠找到揮灑創意的管道，讓它們透過筆刷躍然紙上。

我懷孕時，荷莉要我在分娩過程中，在腦海中想像一個氣球，並挑氣球的顏色，我直覺地選了紫色。整個分娩過程，我腦袋裡一直飄著這個氣球，它的形狀、質地、顏色，給我一個清晰的焦點，幫助我度過了生產時劇烈的不適。我好愛使用顏色來進行視覺化的練習。

什麼情況會讓你壓力很大、心情難過？

挑個適合代表痛苦的顏色，將左方的框框塗滿。

選個你覺得代表快樂的顏色，把左邊這個大方框塗滿。

想像自己吸進好大一口快樂的顏色，讓這口氣灌滿肺部。接下來，將代表壓力和痛苦的顏色吐出去，看著它離開身體、飄散遠去。重複這個循環，吸入快樂的顏色、呼出痛苦的顏色，至於持續時間長短，隨個人需要。這項練習能幫助你減慢心跳速度，抒發身體長期累積下來的緊繃感。

給生活來一些創意點子

發揮創意的管道很重要，但不一定非要特意計畫或深思熟慮才動手。自從小孩出生後，我就沒那麼多時間畫畫了，我就以烘焙和烹飪來抒發創意，也帶來一些額外好處：成果可以供大家享用！烹飪這項嗜好挺實際的，不需要大陣仗準備，在烹飪過程和結束之後，腦袋卻可以好好休息，身心也能感受喜悅。刨紅蘿蔔絲、攪拌蛋液等步驟，是很棒的紓壓方式，動作簡單又斯文，卻可以讓腦袋平靜下來。烹飪時，專心控制時間、溫度，注意菜色的口感、風味搭配變化，讓我的身體和心靈都感覺像在做夢般輕鬆舒服。我很開心在偶然間發掘了這項愛好。

對我先生來說，彈吉他也有同樣的神奇效果，讓他可以脫離煩憂。旋律一響起，他的煩惱也慢慢沖淡，變得無關緊要。要將彈奏樂器作為發揮創意的管道，需要投入很多時間來練習，但只要熟練了，就可以隨時淨空思緒，全心享受肌肉和腦袋反覆練習的成果。我很羨慕我先生，可以這麼隨心所欲演奏音樂。

把普通的日常時刻轉換成儀式，就變得盛大隆重。我的日常
儀式是每天早上煮咖啡。我好喜歡這項儀式，投入時間享
受每一個步驟，細細啜飲每一口溫熱醇香的液體、感受咖啡
的溫度和風味，內心充滿感恩。這項不可或缺的每日公事，
帶給我的喜悅無法衡量。因為你投入了時間來感受身邊的美
好，短暫片刻因此變得無比重要。早上走路去工作、打扮著
裝等，都可以是日常儀式。

寫下屬於你的日常儀式。每天花點時間，感受過程中產生的
魔力。

我的日常儀式是：

· ·

我喜歡這個儀式的原因是：

· ·

· ·

· ·

· ·

兩道快樂食譜

我熱愛烹飪，即使時間很趕（小孩已經餓了，在廚房跑來跑去），我還是會試著留意烹飪的重要性和儀式意義。刨、磨、切、拌、布置裝飾……每個步驟都可以讓我的大腦安靜下來，為混亂的日常帶來平靜氣息。如果你還沒找到自己的日常儀式，不妨試試看我的！接下來有兩道健康食譜任你嘗試，包含刨、切等動作，讓你從每日的瘋狂抽離，給自己空間和餘裕好好享受一下。

碎切沙拉

這道沙拉新鮮又清甜，吃起來滋味豐富、口感脆爽，很快就可以完成，而且超療癒。做這道菜時要把蔬菜、蘋果切碎，接著把各式脆爽的食材混合均勻，我很享受這樣的過程。沙拉醬雖然奶味濃厚、配料豐富，但不會油膩，而且很好消化。這道切碎沙拉，是萬年不敗的沙拉首選。

沙拉醬的材料：

- 蘋果2個，去核切小塊
- 櫻桃蘿蔔100克，切小塊
- 小黃瓜150克，切成小塊
- 煮熟的藜麥150克
- 萵苣150克，切碎
- 菲達羊起司（feta）200克，弄成碎屑
- 枸杞80克
- 新鮮巴西里少許，切碎
- 新鮮薄荷葉少許，切碎
- 烘焙過的核桃100克
- 鹽膚木1茶匙，調味用（非必要）

優格沙拉醬的材料：

- 希臘優格、豆漿優格或椰奶優格100克
- 大蒜1瓣，壓碎
- 檸檬皮碎屑，1顆
- 檸檬汁，半顆
- 特級冷壓初榨橄欖油，3茶匙
- 海鹽和新鮮現磨黑胡椒粒

份量：

- 4人份

沙拉醬作法：

將優格、大蒜、檸檬皮及大部分的檸檬汁、橄欖油放入碗中。依個人口味加入鹽巴和胡椒粒。將調好的醬料蓋好、靜置一會兒。

沙拉作法：

將切好的蘋果、櫻桃蘿蔔、小黃瓜、煮熟的藜麥、萵苣及大部分的菲達乳酪、枸杞、香料、核桃放入大碗中。把剩下的檸檬汁和橄欖油灑進碗裡，用少許鹽巴、胡椒粒、鹽膚木（如果有的話）調味，最後將所有食材攪拌均勻。

沙拉盛盤，淋上優格醬，灑上剩餘的菲達乳酪、枸杞、香料、核桃，即可上桌。

酥炸櫛瓜
紅蘿蔔絲餅

我從刨絲中獲得非常多的滿足感。烹飪時的每一個單調步
驟，都讓我的腦袋更加清晰有活力。這道炸酥餅準備起來很
快，不會耗費太多時間，看起來卻很厲害。如果有朋友來家
裡吃飯，你可以炸一些酥餅，放在盤子裡供大家享用，或者
事先調理好一些麵糰，想炸多少就炸多少，剩下的麵糰就放
在冰箱裡，可以保存好幾天。酥餅裡滿是蔬菜，嘗起來味道
豐富，令人滿足。這道炸酥餅在我家可是超人氣料理呢。

材料：

· 櫛瓜250克，刨成絲
· 胡蘿蔔200克，去皮並刨成絲
· 大蔥3支，切成碎末
· 大蒜2瓣，壓碎
· 蕎麥粉或斯佩爾特小麥粉50克
· 雞蛋2個，打散
· 帕瑪森起司50克，刨碎
· 檸檬皮碎屑，1顆
· 新鮮薄荷葉和平葉巴西里少
  許，切成碎末
· 孜然粉1茶匙
· 葵花油1大匙
· 海鹽和現磨的黑胡椒粒
· 希臘優格、豆漿優格或椰奶優
  格醬
· 蔬菜沙拉

份量：

· 16個小酥餅，4至6人份

作法：

把櫛瓜絲和胡蘿蔔絲平鋪在砧板上，在上面灑一茶匙的鹽。靜置十分鐘。

把大蔥、蒜頭、麵粉、雞蛋、帕瑪森起司、檸檬碎屑、大部分的香料和孜然粉放入大碗中拌勻。

用乾淨的布把櫛瓜絲和胡蘿蔔絲包起來，用點力把裡面的水分盡量擠出來。擠過水的蔬菜放入大碗中，將所有材料混和拌勻。

葵花油倒入油炸鍋內，以中火加熱。熱鍋後，把滿滿一大匙的蔬菜麵糰放入鍋中，輕輕把麵糰弄成扁圓狀，這樣就是一個酥餅的份量，我通常一次炸四個。酥餅每一面大概炸兩至三分鐘，外表變得酥脆金黃時即可起鍋。把炸好的酥餅放到盤子內並保持酥餅熱度，接著繼續炸其他的酥餅。

要上桌時，把酥餅放至盤內，撒上剩餘的香料，搭配一匙優格醬和蔬菜沙拉一起享用。

即便只是隨手塗鴉，對腦袋也很有助益，因為你下意識地把
內心想法灌注在紙上，讓它們在腦袋外頭自由流轉；你捨棄
了一些東西，也創造了一些東西，既療癒又快樂。想讓腦袋
暫停一下，塗鴉是非常簡單的方法，同時又能和內心的真實
想法連結。

不管你抒發創意的方式是什麼，常常去做就對了，用心體會
其中的喜悅以及幸福感。

以下空白，可以任你塗鴉……

把困住你的規則打破吧

接下來，我要談的主題——焦慮，近來似乎對人們的影響愈來愈大。焦慮是最常見的快樂殺手，讓人隱隱約約感覺事不對勁，然後很快變成驚慌失措。「一點點的焦慮」和「驚慌失措」的差別可能很不明顯，但兩者絕對不一樣。幸好，我的焦慮問題還不算極端，沒有造成太嚴重的問題，不過要改善還是得下很多功夫。如果焦慮問題很嚴重，絕對不可小覷，因為日常生活也會受到不良影響。如果擔憂和恐懼經常主導你的生活，讓你感覺每分每秒都驚恐不安、舉步維艱，你一定要尋求協助。英國心理健康協會網站有很多相關資訊，也有諮詢熱線可以求助。

我第一次感受到輕微的焦慮感，是在我離開從小到大成長的舒適環境，開始探索世界時發生的。我和原本熟悉的事物、地方、人群分別了，開始擔心他人看待我的眼光。我是不是不小心惹毛某人了？說出來的話讓某人皺眉？或是誤判局面，做了不該做的事？我分析每個時刻、每次對話，思緒轉個不停。現在，我有時還是會感受到這種令人窒息的焦慮感，但是隨著年紀漸長，我愈來愈接納自己，也比較少擔心別人的看法。我不確定這是因為時間累積或人生歷練的關

係，但是我認為，只要你認知到做**自己**就好，並且抓到自己的節奏，便比較不會那麼焦慮了。

最近，每當我打破自己訂立的規則時，焦慮感就會上升。當我在擔憂未來、為過去悔恨、或為一件可能很麻煩的小事煩心時，這種片刻就會出現。譬如，跟小孩出門時，我發現他們的睡覺時間快到了，我彷彿可以聽見時鐘快速而響亮的滴答聲，焦慮感也在胸口上層層累積。要是我沒有讓孩子們準時上床睡覺會怎樣呢？不會怎樣。但是因為我已經訂立了一套安心準則，只要不照規則走，我就會坐立難安，反常的情況、未知的恐懼使我渾身不對勁。這時，只要我及時暫停一下，提醒自己，上床時間只不過是我訂立的規則，我就能恢復平靜。

有時候，我只要踏進紛亂繁忙的環境，也會感覺焦慮，因為我訂立了一條規則：我喜歡寧靜。沒想到這條規則反而讓我沒辦法敞開心胸，體驗新事物。我被自己的規則絆住，無法用全新的眼光看待當下，還把焦慮感當成約會對象，帶著四處亮相。我這位不擅社交的對象，緊抓著我的手臂不放，讓我的肢體變得僵硬，嘴巴也說不出真正想說的話。

我的規則手冊裡，還設下了許多標準和期待，希望自己全部都能達到。只要沒達成，焦慮感就會開始累積。

我常常發現，有些人看起來好像什麼事都在掌握之中，不會被恐懼或自訂規則牽著鼻子走，不管有什麼成就或缺失，都顯得無憂無慮、平靜放鬆。我自己也曾感受過這種泰然自若、放鬆且豐盛的片刻，感覺超棒的，但要維持住這種狀態卻很困難。焦慮感是快樂的主要殺手，它會潛藏在心裡，使你感覺好像有什麼不對勁，即使你環顧四周，根本沒看到任何危險。

最後，我終於想通了，把那本不必要的手冊撕毀，敞開雙手迎接各種令人振奮的機會。規則和界線都可以視情況而調整。有了這層認知，未來再感到焦慮時，就比較容易化解。

如果我又因為類似狀況而心慌意亂，我會努力提醒自己，只要冷靜應對，這些焦慮感就會消失不見。有時候，真的是說得比做得簡單，不過只要察覺到自己不安的感受，就是個很好的開始。你可以做幾個深呼吸，讓心跳和緩下來，從容應對，告訴自己一切都會沒事的。

不要害怕求助

只要我發覺自己又跌入焦慮的無底洞，我一定會找個人說說話，談話就是拯救我的重要工具之一。如果我感覺情緒低落，我可以出去走走、聽音樂、畫畫，或是看點快樂的東西讓心情好起來，可是，對付焦慮，沒辦法單打獨鬥，我需要一個心境平和、心理素質堅強的人和我聊聊，才能脫離焦慮的狀態。

我很幸運，身邊有很好的朋友和家人，隨時可以求助。他們的溫言軟語、實事求是的態度，讓我原本火燒般的焦慮得以平息。也有很多朋友會向我傾吐煩憂，讓他們的焦慮得以和緩平靜。分擔、分享是消除焦慮的關鍵。

曾經，向外求助讓我痛苦不已，現在我卻非常坦然自在，可以欣然接受他人建議，藉此爬出深淵。尋求協助可能讓你覺得脆弱，但是愛你的人會以愛和同理來擁抱你的坦誠。現在，我總是從打電話給好友中得到滿滿的愉悅，連珠炮似地吐露我的擔憂，立馬就感覺鬆了一口氣，因為那些煩悶有了出口，有個人和你一同分擔。永遠不要害怕尋求協助。負能量消失後，新的思維和道路也會跟著開啟。

現今社會，人們比以前更容易感覺焦慮，有一股壓力逼迫我
們做到所有事，不給自己喘息的餘地、犯錯的空間。我自己
就是典型的例子，不容許一丁點錯誤發生，我認為錯誤就是
失敗，讓我成為劣質版的自己，是個「瑕疵品」。我們真正
該做的是換個思維，當事情發展不如預期時，看看自己能從
錯誤中學到什麼。

學習不要對自己期待過高，放鬆一下，焦慮感就不會那麼容
易產生了。若是我們能放下自己的規則手冊，不再對事情有
既定想法，我們就能給腦袋、生活多一點空間，對周遭事物
的看法也會更加寬廣。

接受自己的全部

我很幸運，擁有許多無憂快樂的時刻，讓那些狂亂不安的時
期好像是發生在別人身上的故事。憂鬱風暴過去之後，我
的思緒變得清晰。有時候，我看著過去的自己為了一件小事
就憂心忡忡，覺得好難堪，甚至有點擔心自己的狀況；有時
侯，看著的自己完全受焦慮感掌控，想笑卻笑不出來，內心
有點哀傷。我覺得自己浪費了人生的黃金時期，偏離了我所

睡眠時數記錄

因為我每天工作時間不固定，加上有小孩要照顧，我很難獲得充足睡眠。只要我工作得晚了，我的孩子也會跟著睡眠不足，隔天早上甚至比平常還要早起。我只要缺乏睡眠，反應就變得遲緩，脾氣變差，同理心也會降低。因為白天很忙碌，要找時間補眠很困難，但是隔天晚上我總是會盡可能多睡一點。

請把每晚的睡眠時數記錄在下方，如果少於八小時，就想辦法在同一週內把時數補回來。祝好運！

星期一
....
星期二
....
星期三
....
星期四
....
星期五
....
星期六
....
星期日
....

自由書寫練習

對我來說，寫作是非常有效的宣洩管道，我喜歡放任思緒遊盪，藉此抒發各種潛藏情緒和感受。給自己一張紙和一枝筆，看看會寫出什麼故事。

請在下面第一句話之後自由發想，完成這篇小故事。

夜深了，群星閃耀……

深信的人生價值,我是如此迷惘,遠離了內心眞實存在的
「家園」。

也或者我應該換個角度看待那些狂亂時期,把它們看作是木
頭上的節疤,有點扭曲,不討喜也不舒服,卻是我的一部
分。那些過往我已經談過好多次,但接納才是關鍵。回望過
往時,我要接受自己並非完人,無法時時刻刻保持正面思
考,也不總是快樂無憂。但沒關係,心靈容得下所有。

擁抱美好時光

享受美好時光是重要的,可以讓你找到生活的平衡。我們必
須認知並且接受一件事實:生活總是好壞摻半,如何面對
一切才是重點。焦慮感消失時,我得以全然活在當下,這是
我花了很多年學會的。我可以連續好幾分鐘坐著,什麼都不
想,只是望著美得令人屛息的風景、天空,品嘗著每分每秒
的美好,這是我最喜歡做的事情之一。這時候,我知道自己
很好,還能盡情欣賞周遭美景,使得片刻宛如永恆;潛意識
裡,感恩之情從全身每個毛孔緩緩滲入,焦慮感消逝無蹤。

最近，我常躺在花園的平台上，仰望滿天星斗閃爍發亮，襯著漆黑如天鵝絨的夜空。只要花個半小時凝望銀河，提醒我們人類有多渺小，就足以讓我回到當下，衷心驚嘆於周遭的萬事萬物。雖然每天晚上我都會往窗外看，但是從沒停下來好好體會這一切。花點時間躺在花園平台上，讓我發現那些小小的憂思根本不算什麼，我就像一粒微塵，飄浮在碩大的星辰之間。

大笑是另一帖容易取得的心靈補藥，讓我重新和身體連結，原本嘈雜的焦慮感和緩下來，只像是遠方細微的嗡嗡聲。最近上瑜珈課時，只要我先生以誇張的笨拙姿勢跌倒，我就會咯咯笑個不停，我知道身邊其他人都沉浸在自己寧靜的小世界裡，但這只讓我笑得更厲害。**太有趣了！**調皮，雖然時機不太對，可是真的好好玩。聆聽一則好笑的節目或觀賞一部好電影，也可以達到同樣效果，讓你遠離心底的不安焦慮，忙著捧腹大笑。

音樂的威力也非常強大，對我的人生有著深遠影響，它可以瞬間帶我回到過去，回想起某段回憶的氣息、味道和情緒。即使是以前從沒聽過的樂曲，某段旋律或許能帶給你平靜，歌詞可能觸動你心，同樣令人陶醉。

對我來說，當人生境遇面臨轉換時，音樂永遠都是最佳陪伴。有時，我會聽令人放鬆的音樂，渴望柔和輕鬆的旋律撫慰疲憊不堪的腦袋，進入平靜的放空狀態；有時候，我需要激昂、活潑的樂曲來消除焦慮感，歌曲的明亮能量與節奏讓我的身心跟音樂連結，忘卻痛苦和壓力。聽音樂沒有什麼規則，聽到喜歡的，自然就會知道。

哪些活動會讓你感覺良好，把它們找出來，然後就去做吧！活在當下，把握美好時光，記得仰望星空。

快樂播放清單

以下是我的快樂播放清單，這些歌曲能讓我的心情雀躍，把負面能量拋開，眼底盈滿光彩。這份清單可以在我的Spotify帳戶fearnecottonofficial上找到，如果你喜歡這些歌的話，不妨來聽聽看！（譯注：Spotify為線上音樂串流服務）

Rocket Man（火箭人）—艾爾頓強（Elton John）

這首歌從頭到尾讓我全身細胞甦醒過來、充滿生命力。它帶我回到了格拉斯頓柏立（Glastonbury，位於英國西南部）的帳篷酒吧，我和先生正在引吭高歌；它帶我重回生產情景，因為這首歌也在我的陪產歌單上。我的兩次生產過程雖然都很激烈，卻也是我人生中最心滿意足的時候。它帶我回到在美國拉斯維加斯（Las Vegas）的深夜，和一群好朋友共度的開心時光。

這首歌的主歌部分似乎在醞釀氣氛，到副歌的時候一氣呵成，交融出渾然天成的旋律，扣人心弦！

All You Need is Love（你只需要愛）—披頭四（The Beatles）

一群人一起合唱這首歌是最適合不過了，會讓人情不自禁的唱出歌詞。只要聽到這首歌，就能一掃心中愁緒，讓雙眼閃著光彩。到了一天結束的時刻，只有愛才是最重要的！

Ramble on（漫遊）—齊柏林飛船（Led Zeppelin）

它的節奏和力道能夠轉換能量，幫助你甩掉重擔，度過艱困境況。主唱勞勃・普蘭特（Rober Plant）的唱腔帶有一股急迫感，讓你感覺這首歌對他來說也是一種宣洩。你可以用它來釋放負面情緒，記得要播大聲一點！

Fans（粉絲）—里昂王族（Kings of Leon）

這首歌一播放，太陽便開始照耀。這首歌伴我度過好多個倫敦的雨天午後，帶我到陽光燦爛的遠方。這首曲子會讓你的雙腳跟著打節拍、頭隨著旋律擺動，嘴角也上揚。

10000 Emerald Pools（一萬座翠綠泳池）—伯恩（Borns）

這首歌可以瞬間讓你的身心變得柔和。節奏輕鬆，歌手嗓音柔軟，就像一股夏日涼風。只要聽到這首歌，我的動作馬上放慢，隨著樂曲微笑搖擺，好快樂！

40 Day Dream（做夢四十天）—Edward Sharpe and the Magnetic Zeros（艾德華・夏普與無引力樂團）

這個樂團很擅長營造演唱會氣氛，讓每位參與者都一同狂歡，一起唱歌、跳舞、認識身邊的人。這首歌就是最好的例子，會把現場變成齊聲合唱的大家庭。

Trench Town Rock（壕鎮搖滾）—Bob Marley（巴布・馬利）

完美地展現音樂的力量。這首歌的氛圍已經說明一切。

Mykonos（米克諾斯）—Fleet Foxes（狐狸艦隊）

這簡直就是音樂版的莫希多雞尾酒（mojito），讓我窩在椅子裡，滿足地嘆息。它讓人愉快又放鬆，喜悅充滿。

Phenomenal Woman（非凡的女人）—Laura Mvula（勞拉‧穆弗拉）

這位女歌手擁有夢幻般的美好嗓音，不管哪方面，她都是我心目中的女英雄。這首歌讓人心情爽快、精神振奮。

I Got U（有你就好）—Duke Dumont（杜克‧杜蒙）

即使不是假日，只要聽到這首歌，就會讓你想起上次去海邊度假的時光，也讓我對未來的日子充滿希望與期待。

Loud Places（喧鬧之處）—Jamie XX（傑米叉叉）

這首歌營造出來的氛圍無可比擬，讓周遭的一切生氣蓬勃，有快樂電影的質感。曲調柔和卻活潑昂揚，完美的平衡。

Ooh La La（嗚啦啦）—The Faces（臉孔樂隊）

這是我繼子們的愛歌，他們要求我把它也加進來。看著孩子們大笑著合唱這首歌，就足夠讓我開心了。

MMMBOP—Hanson（韓氏兄弟合唱團）

聽到這首歌，無憂的青少年時代立刻在我眼前重現，那時的夏天似乎更漫長、更炎熱，彷彿蒙上了一層粉紅濾鏡，色調柔和夢幻；這一切重溫舊夢的美好，都是音樂的功勞。

Signed, Sealed, Delivered（簽字，蓋章，交付）—Stevie Wonder（史提夫·汪達）

史提夫唱出的每個音符都滿載歡樂、雀躍，感覺他是笑著演唱，讓這首歌的感染力更強。每個音符都流淌著幸福。

COOL（就是酷）—Le Youth（拉尤斯）

又是一首夏日氣息濃厚的歌曲，旋律一入耳就讓人心裡暖和了起來。跟夏天有關的歌曲我多半都很喜歡，這首歌絕對是其中之一。

9 TO 5（朝九晚五）—Dolly Parton（桃莉·巴頓）

我非得把這首歌放進來不可，因為我太喜歡桃莉了。它的旋律會讓人忍不住起身跳舞。我每次播放這首歌，聽眾都反應熱烈，我自己也百聽不厭。

正面思考

正如我在第五章〈快樂的選擇〉裡提過的，碰到人生各種遭遇時，我們可以選擇出於恐懼而行動，或者出於愛。正面或負面會帶來差別，如果我們選擇正面的立場，身體就會做出快速反應，不讓腦袋裡的評斷、擔憂和質疑滋生。

我知道自己的腦袋很脆弱，所以盡量遠離不必要的負面能量。我不看恐怖片、暴力片，也不逛八卦網站，這些東西不會讓我好過，反而會激起不必要的思緒，讓我陷入糟糕的境地。我需要盡可能地讓自己充滿正面能量。

當然，負面境況總是難以避免，但只要在可掌控的日常生活範圍內，我會盡量遠離它們。我喜歡閱讀振奮心情的書，觀賞讓自己哈哈大笑、或是有啓發性的電影。我想要跟眞誠的、願意跟我一樣分享自己故事的人們相處。這些生活層面我都能夠掌控，能夠憑自由意志選擇。你生活的這些部分也同樣可以做出改變。

奇怪的是，負面的聲音通常比正面能量來得大，那粗糙而讓人緊張的吼叫聲，比身邊的正面訊息更鮮明許多。正面的聲

音就像輕柔的低語，很容易被忽略或視為理所當然，但它不需要大聲吵鬧，因為它充滿自信且踏實。

改變你的思維

當我們回顧過去，就知道大腦有能力改變，只要我們願意，隨時可以改變習慣和想法來適應環境。我時不時就會頓悟到這個事實。啊哈！我可以改變耶，我自由了！

只要認知到這一點，就能把生活調整成自己想要的樣子。每個人都渴望人生充滿喜悅和快樂，如果所有選擇都是站在這個基礎上，就容易取捨了。我們可以善用心智，在每個當下尋求正面能量和喜悅，接近讓你感覺良好的人們和事物。

我發現，當我保持這樣的思考模式，很自然就看見更多正面能量，像雨後春筍般突然冒出來，到處都是。如果你連續幾個月上健身房，就會發現，第一週覺得很困難的訓練，現在變得簡單多了，不會太費力。訓練腦袋思考的過程也是如此，一段時間之後，從生活中發掘正面事物就不再那麼費勁，經常很輕易就可以發現它們。

正面能量的漣漪

為了我自己和家人，保持良好的心態很重要。這麼做，我和先生才能以我們喜歡的方式撫養小孩，從生活中獲得樂趣。

當我心靈狀態良好時，就會把好心情散發出去，讓它像漣漪般往未知之處散播。我會對街上的陌生人微笑，或許他們得到這一點正面能量之後，會透過行動來分享給身邊的人，然後他們身邊的人繼續散播給更多人，漣漪不斷擴大，流轉到世界各處。不需要太費力，一點點時間或動作就可以了，周遭環境就會因此受益。所以呢，記得要每天練習，保持良好心態，並讓自己的正向魔法盡量往外擴散吧。

本章重點提示

Summary

掌管自己的腦袋

你永遠是自己的主宰，不要讓慣性和恐懼奪走主控權。

讓腦袋放鬆

給它呼吸的空間，找到能夠抒發創意的管道，讓思緒放慢下來。

你有能力改變

不要侷限自己！你正在書寫自己的故事，絕對不要被設限了。

快樂的腦袋，對你來說像什麼呢？
寫幾個字或畫張圖，為這章總結一下吧。

第七章　快樂的身體

這一章不是要討論減肥、練小腹、瘦身餐，而是關於愛、尊重和感激。這幾年來，我和自己身體之間的關係轉變非常大，以前我會傷害、虐待身體，讓它受苦，現在我則以愛、舒適和感謝之心相待，身體也快樂多了。

我**愛**我的身體。我說的不是外在美，每天花好幾個小時攬鏡自照，而是把身體視為一部無比神奇的機器，可以自我療癒、創造事物、自由移動。對我來說，快樂的身體是舒適自在的，它的能量來自均衡的生活方式、盡可能多休息，並且以欣賞取代批評。

快樂的身體＝快樂的心靈

身體和心靈緊密相連、互相合作，這道理大家都懂，但我認為牢記這件事會讓我們更能夠掌握全局。心靈強大的應用能力加上身體的力量，可以完成很多事，也可能做不了什麼大事。但是無論如何都要好好照顧身體，心靈就可以感受到均衡、快樂與不靜，它們彼此會互相影響。

身體和心靈一定要協力合作，現代人似乎逐漸失去這份連結。我們認為有形的肉體和自我是分離的，心靈則飛向他方，和身體毫無關聯。我們會上健身房鍛鍊身體、吃東西補充能量；會去學校鍛鍊腦力，藉著看電視或閱讀來放空。我們卻忘了身體與心靈是最親密的夥伴，應該步調一致，擁有共同的目標。

二十幾歲時，我渴望能有所成就：步調再快點，工作再拚命點，生活再刺激點，挑戰自己的極限。我以往的生活方式和觀念與現在天差地遠，跨越這道鴻溝的過程中，我犯了好多錯誤，身心也經歷劇變。不過，往好處想，那段時期所發生的事情，讓我得以建構一套新的人生觀和處世模式。

現在，我心理和生理都努力追求平和、均衡，降低腎上腺素
的分泌。以前我覺得這種生活方式無聊透頂，現在則認為，
身心的平靜才是好的，如此才能保持成長、運作，並且在必
要的時候療癒自我。我現在睡得比較沉，若睡眠不足時（因
為小孩子的緣故），狀況也比以往好很多。我更注意身體的
感受，精神變好了，更能開心做自己。當我保持平靜，心情
振奮，抗壓性也提升，比較不會被思緒和壓力牽著走。有
時候，我能夠用正面想法和思維來安撫生理上的不適，同樣
地，我也能以緩慢溫柔的肢體動作來安頓紛亂的思緒。身體
和心靈並肩同行，協助彼此調整狀態。

傾聽身體的需求

我常常回想起自己青少年時期和二十幾歲的時候。那時，我
不懂得愛惜身體，不可思議地忙碌著，我會同時進行好幾個
拍攝計畫，匆匆從一處趕到另一處，常常在不同時區間飛行
奔波，完全沒有放假休息。我不懂為什麼人需要休息，我只
想要儘快抵達目標，認為停留空檔時間只會拖慢速度而已。
我吃東西很快，從不管它們是否健康（例如把一袋甜食和超
濃咖啡當早餐），我拚命工作、跑來跑去，直到精疲力竭為

止。我現在再也不會這樣做了。那時我會參加派對狂歡到深夜、睡得很少，很少考慮身體需要什麼，我喜歡追求快感、熱愛冒險，從不管會有什麼後果。

胡亂的生活步調讓身體嚐到了苦果。我總是疲憊不堪，面色暗沉，常常緊張兮兮。我以為，我總會慢慢地厭倦這樣快速的生活步調，沒想到情況急轉直下，憂鬱症的爆發和身體的壓力改變一切，引領我踏上追尋快樂的美妙旅程。

青少年時期到二十幾歲這個人生階段，很適合探索自己的極限、嘗試各種生活方式，並從中獲得無窮樂趣，不過前提是要傾聽內心的聲音，它會像羅盤般告訴你什麼時候已經超過底限。我並不後悔那時的睡眠不足、工作過量而幾近抓狂，只是但願那十年間的自己能夠更常聆聽直覺，壓力就會減輕許多。我應該吃好一點，補充體力，也應該更重視身體的力氣和健康。不過，這些教訓我都及時學到了。

一段人生章節結束，新的章節開始，這樣的轉變可以是透過慢慢的修正，或者像我一

樣，遭到一記當頭棒喝而突然覺醒。不管是哪一種狀況，你總能在經驗中學習，找到讓自己舒適的方式。

現在我還是會想來點生理、心靈上的冒險，但會保持理智。我可以去感受喜怒哀樂各種情緒，也很清楚知道它們將為我帶來哪些影響。

讓身體與心靈同步

現在的我，渴望內心平和，過全方位的均衡生活。我的心靈和身體必須成為彼此的**最佳拍檔**，一同前行，當一方的狀況比較虛弱，就要互相提醒。如果我的腦袋每小時以一百六十公里快速運轉，就不可能睡個好覺；如果我喝下一堆琴酒，又不好好吃飯，根本別指望能夠逃得出情緒黑洞。

為什麼我們對身體要求這麼多，卻不關心腦袋的狀態？當我在晚間結束長時間且情緒高昂的拍攝工作之後，回家躺在床上，經常無法入睡，這是我過去二十年工作生涯的常態，可是每次睡不著，我還是覺得很不爽。最近我在下班回家的路上，試著聽心靈音樂，或引導式瑜珈（見第一百九十三

頁），讓腎上腺素的濃度降低。不這麼做的話，晚上的睡眠品質會非常糟糕，我一早就和孩子們一起醒來，整天都有點恍神，必須下一番功夫，才能從亢奮的工作模式調整到平和的睡前模式。

面對現實吧，壓力是生活中不可避免的。許多人從事辛苦的體力工作，對身體造成傷害；當父母也很耗體力，從懷孕到抱小孩、整天忙得團團轉卻無暇照顧自己，吃飯常常匆忙且不定時；或許你的工作需要久坐，就像我在第一廣播電台的工作，在主持椅上坐了一整天之後，總是全身僵硬、活力全失，感覺需要走個幾公里才能夠活化骨頭關節。人生不可能像美夢一樣順遂，但我們還是能夠找到方法幫助自己……

記得感謝自己的身體

我們可以從感謝自己的身體開始。過去我很少這樣做，現在我常為身體感到讚嘆。人體是無比神奇的精密儀器，比任何一種發明都還要屬害，能夠自我療癒、成長、變化、移動、創造。但首先，我們必須要愛護它。

我在網路上看到一個趣味小實驗，是由作家妮基·歐文（Nikki Owen）開始的。一位媽媽和她的年幼兒子把兩個蘋果分別放在不同的盤子裡，每天跟蘋果A說：「你是一個很棒的蘋果，鮮綠色果皮亮亮的，圓圓的樣子真的好美。親愛的蘋果，我們好愛你。」然後母子倆走到蘋果B旁邊說：「看看你，又醜又胖，是我看過最糟糕的蘋果了。你長得有夠噁心，怎麼還有臉說自己是蘋果。」幾個禮拜過去，蘋果A的外觀依舊鮮綠漂亮，可是蘋果B皺縮、腐爛的速度快得難以置信。

從這個實驗可以知道，我們的能量，不管正面還是負面，對周遭事物都有影響。話語和念頭的力量非常強大，不能小看，只要用在對的地方，言語也能創造奇蹟。你如何跟身體

說話？是蘋果A還是蘋果B？我們都很會自我批評，對自己的外貌身材感到羞愧，但只要你開始以謙卑的態度感謝身體，那就對了。要以正面想法讚賞身體的神奇，想像它能做到的事，並且感謝它的所有付出。

每天對著鏡子跟自己說話，好像有點奇怪，不過，只要對自己有益，**何樂而不為**？每日都要為自己打氣、增加自信，發覺自己原來這麼棒。我媽給過我一條幸運項鍊，上頭有著「你很棒」的字樣。「很棒」指的不是九〇年代那種出類拔萃，而是懂得感恩、令人敬重的作為。起初我看到這文字，再想想自己，覺得有點難為情，後來我真正懂了其中涵義，才發覺這三個字的力量有多麼強大。

如果我們不斷地告訴自己在某些方面一無是處，當然就會真的表現很差。如果每天早上我們都為自己加油打氣，大聲說出正面話語，想想看它會創造出怎樣的可能性。只要有重要工作等著我，讓我很緊張，我就會在腦海裡不斷跟自己喊話：「你很強壯，你能夠透過語言散播幸福！」，或是很簡單的幾個字「愛與善意」，讓我記得要善待自己。我認為，若能將這些念頭深植進潛意識裡，行為也會跟著轉變。

親愛的身體：

首先，我要說聲對不起。對不起，你值得被愛、被尊重，我卻沒有好好對待你。我以前總是將你視作理所當然、不顧你的需求，為此，我只能道歉。

過去，我的腦袋經常誤導我，讓我以為你無所不能，可以全力衝刺，睡眠不足、吃飯不定時、甚至批評你，你都不會介意。我以為你會保持正常運作，無視我的批評。我總覺得你不夠好，因為你比不上雜誌裡的美女。你不斷在改變、成熟，我卻停在青少年心態，覺得被你困住了，渾身不爽快。我不曉得該如何打扮你、自然地展現你，只想儘快遠離你。你提供我能量，帶我去好多地方，我卻覺得理所當然。

二十幾歲時，我偶而會抽菸，對此我感到非常抱歉。我對待你的方式真的糟透了，一點也不尊重你。對不起，有時候我喝太多酒、吃太少東西，我內心其實明白，這麼做對你很不好，因為你顯現出一些徵兆，告訴我你需要更均衡的生活。對不起，我現在偶而還是會盯著鏡子裡的你，說出一些不敬的話，有時候我就是忘了你的好。

接下來，我要對你表達深切的的感激之情。

謝謝你孕育了兩個美麗的寶寶。我還是不太了解你是怎麼辦到的，我的腦袋可沒幫上半點忙呢。謝謝你在懷孕過程的伸

展、擴張，讓我更了解你的能耐。要是晨吐沒那麼嚴重就好了！不過，嘿，我們難免都有缺點嘛。我猜，你是用自己的方式讓我慢下來，做出必要的轉變。

謝謝你和寶寶一起努力，讓生產順利。我的腦袋搞不懂你是怎麼辦到的，但分娩過程是我們關係改變的最大契機，從那時起，我就對你非常欽佩。現在，你有些皮膚比較鬆垮，還有淡淡的妊娠紋，讓我想起你在必要時所展現的力量。我看著這些不完美的印記，覺得幸運且驕傲。

謝謝你，讓我在二十幾歲時登上了非洲的吉力馬札羅山（Mount Kilimanjaro）。那場冒險真是太棒了！我知道對你來說很困難、很有挑戰性，但也帶來好多快樂。即使高山症很不舒服，你仍舊拚命前進，沒有放棄。謝謝你，那些在舞池中度過的夜晚，你無憂無慮地盡情扭動，血脈賁張，全身每個細胞都和音樂節奏一起舞動。好痛快啊！

感謝你將可口的美食轉換成能量，讓我得以將腦中的創意付諸實現。謝謝你承受我的心痛、憂愁、亢奮等情緒；謝謝你從疾病和疲勞中復元。你如此聰明，我愈來愈愛你、尊敬你。親愛的身體，謝謝你。我發誓，我願接納你所有的怪癖和特質，直到永遠。

謝謝你！

菲恩上

生命中的某些時刻，我們都曾傷害、忽略自己的身體。我們
必須更努力地珍惜它。現在，你可以回顧一下你身體經歷過
什麼，並且表達你的感謝和敬意。請寫一封信給你的身體。

親愛的身體：

心念轉了，肢體語言也變了

除了念頭會改變行為，姿勢也有同樣效果。女兒哈妮快出生的時候，我的親戚珍・卡頓跟我說，她看過大猩猩分娩的影片，發現母猩猩生產時，會站著把胸膛朝向天空，張開雙臂，頭往後仰，姿勢充滿力量。於是，當她要分娩時，就模仿那隻大猩猩的姿勢，發現效果非常神奇，恐懼減少許多，勇氣大增。我把這件事記住了，生哈妮時也試著做做看，在腦海裡想像那隻勇敢大猩猩的樣子，將身體向上延伸、向外擴展，讓自己感覺更強壯。

當我們走進一個空間，如果內心感覺脆弱又緊張，身體也會往內縮；假如我們故意讓肢體語言顯得落落大方，別人也會接收到這些訊息，並且被我們表現出來的自信所吸引。你是否曾在未成年時，為了要混進夜店，裝出一副成熟自信的樣子？這是很有用的技巧，最後你的內心也會跟肢體動作同步，自信滿滿。

活動筋骨不但讓我感覺生氣蓬勃，還可以排解內心掙扎，補充力氣和能量。上班族在辦公桌前坐一整天而感覺全身麻木；全職父母根本沒時間暫停一下，照顧自己的需求。有些

人從不運動，日子也過得挺好，但我真心覺得，每天動一動很不錯，不用花什麼錢，而且可以在日常生活中隨時進行。

走路不花錢

我在為孩子們做飯時，常常會播放有趣的音樂，大家一起跳舞，讓身體動一動。我也很喜歡走路，無論晴雨，起來走走吧！這是最簡單的運動方式，人們卻忽略了它，寧願花大錢買健身房會員卡和難看的運動緊身褲。

我很愛走路，它是神奇療法，幫助我跨過了生活中的各種關卡。不管是颱風、日曬、雨淋，不論在市區或公園裡、一個人或者跟喜歡的人同行，我都會出門走路。我兒子雷克斯現在的年紀還沒辦法走太久，所以我們出門散步時，他會先跟我走一小段路，累了就站到妹妹哈妮的嬰兒車踏板上，我們像在探險般，沿路尋找蟲子和蛞蝓，在戶外一起活動雙腿。

走路可以讓心率上升，增加肺活量，是最簡單、最便宜的運動。切記，運動是為了讓自己神清氣爽、充滿正向能量，而不是追求吉賽兒・邦臣（Gisele Bundchen，國際超級名模）

的身材。如果是爲了外表而努力運動，當結果不如預期，我們就會感到失望。我是爲了身心舒暢而運動的，每當我無精打采時，就會提醒自己，活動筋骨會讓心情變美麗。

不管生活多忙碌，走路都可以變成你每日生活的一部分。原本開車上班，可以改成走路；趁午餐時間順便走點路；跟孩子們一起散步；吃過晚餐後到外面走走，呼吸新鮮空氣。隨時隨地都可以走一走。

我可以連續走路好幾個小時，也經常這樣做。我有過幾次健行的經驗，眞是美好啊。長途步行時，思緒特別清明，你的腳步在大地上旅行，內心也跟著向前移動，不停地改變視角，新鮮的靈感紛紛湧現。

我和摯友凱伊常常一起走路。只要有事掛心，我倆就會外出散步幾個小時，穿越公園、市區街道、鄉間田野，兩人有說不完的話，也是對方的好聽眾。我們會邊講話邊走路，直到話都說盡、腳跟長出水泡才停歇。身體動的時候，生理和心理都可以得到釋放和撫慰，比坐在咖啡館裡聊天更有助益。

我生完女兒哈妮之後，有
個也剛生產完不久的朋
友，每週都和我約在住家
附近的公園散步一個小時
左右。散步不只有助於產
後身體復元，也讓我們兩
人可以盡情閒聊。你也可
以找個朋友，每週約出來
一起走路、聊天。

我也喜歡一個人走路，找
尋靈感。出門走路時，我的大腦可以較快回復清晰狀態，不
像在家時會被物質享受干擾，或是因為手上的工作而分心。
走路時，我只要專注在步伐和呼吸就可以了，腦袋只管放鬆
地讓各式各樣的想法浮現就夠了。

對我來說，走路是非常愉悅的，每一次都讓我有不同體驗。
把高跟鞋扔了，找個朋友一起走路去！

瑜珈，讓身心靈完美整合

多年來，我嘗試過各種不同的體能訓練方式，爬山、騎單車、參加半程馬拉松，還去過舞蹈教室上課，跳舞跳到腳趾流血。這些刺激的體能訓練都是很棒的體驗，讓我學到很多，不過，最近我發現最適合我的運動是跑步和瑜珈。

我知道很多人對瑜珈有些顧慮，但它能真正引領我找到內心的喜悅，讓我的心靈和身體同步和諧運作，覺得既平靜又充滿力量。有時候，在一整週的忙碌中，只有做瑜珈的那一個小時，讓我覺得這個瘋狂世界中還能保持清晰與平衡。它緩慢而深思熟慮的流動，允許我的身體去探觸自身的潛能，不需要為了達標而奮鬥或噴發腎上腺素。它讓我的肌肉強壯，卻沒有壓力，身體更有彈性，精神變好，心境也更開闊。嘈雜不休的思緒停止了，換成寧靜的喜悅。

上瑜珈課後，我的身體狀況變得超好。兒子雷克斯出生之後，我的精力落到谷底，很虛弱，還沒從懷孕過程中恢復。我的肌肉換了位置，感覺很奇怪，新生的皮膚皺皺地包裹著痠痛的骨頭，以前可不會這樣。想到要上健身房就讓我覺得無力招架，想像自己穿上運動用緊身褲更令我感覺厭世。

我上第一堂瑜珈課時心情很奇妙，去上課的路上，我緊張得不得了，就像開學第一天那樣。對生產後的我來說，每個姿勢都陌生又不自然，做個下犬式就弄得滿身大汗。一開始，各種姿勢動作佔據了我的心思，我得很專心才不會跌倒或放屁，當然也沒空想東想西。

六個月後，我的身體逐漸抓到每個姿勢的感覺，我發覺在每一個動作中，我都可以再多伸展一點，探索自己的潛能，自在地待在體能極限邊緣，不過還是要費點勁啦。我的心智開始接觸到瑜珈底層的靈性要素，一瞬間頓悟了：瑜珈課是挑戰，而不是壓力。它具有強大的修復力，而且讓身心完美地整合。

你可以看得出來，我深深喜愛瑜珈以及它帶來的一切，只要我一踏上瑜珈墊，就得到釋放。如果我那天過得還不賴，腦袋會馬上淨空，回歸平靜；如果那天心情很糟，烏雲也會逐漸消散，我又能夠再次自在地呼吸。

照顧小孩和工作之餘，我會去我家附近上瑜珈課，不過大部分時候我都在家裡的廚房做一些簡單的瑜珈動作。隨處都可以做瑜珈，真是最棒的好處。

這年頭,大家可能很難擠出時間來,所以我請了薇風
(Zephyr Wildman)老師 —— 我的好友兼瑜珈天后,整理出
一套修復性的動作,不論是睡覺前、午休時間,或趁著寶寶
小睡,你都可以抽空練習。只要花一點點時間,就可以讓你
一整天都過得更好。

薇風老師的「流瑜珈」

五年半前，我和英國廣播電台的同事一起去附近的瑜珈中心，見識一下為什麼大家都在瘋瑜珈。第一堂課，就是由氣質非凡的薇風老師帶領。上課沒多久，我就深受薇風的教學風格所吸引，她的語調平穩，說出來的每個字都和動作融為一體。那時候，她的先生剛因為癌症過世，有兩個年幼的女兒要照顧，還繼續在教瑜珈。她很坦誠跟我們分享她所經歷的艱辛，以及每天的瑜珈練習是如何幫助她度過喪夫之痛。她的堅韌態度馬上吸引了我的注意。

因為那次偶然相遇，我成了流瑜珈（Vinyasa yoga）的愛好者，只要有空就盡量去上薇風的課。幾年下來，我們成了好朋友，我非常珍惜這份友誼。

以下的緩和瑜珈體位，是薇風為大家整理出來的，很適合睡前做，希望你會喜歡。做這套瑜珈時，呼吸要配合姿勢，如果你想好好伸展一下，或是想要慢慢來，可以維持某個姿勢久一點；若你比較偏好流暢感，不妨以優雅、輕鬆的方式把動作串聯起來，在完成每個姿勢時，呼吸盡量保持深長。

記得，每個體位都要認真做，向上、向外儘量伸展，確實感受能量流動到腳趾和手指尖。過程中，肌肉保持強壯、活躍的狀態，有助於力道與平衡。以自己喜歡的速度來進行，更重要的是，將思緒放在呼吸吐納上，讓心靈更澄明。

1）盤腿坐好。深吸一口氣，同時
將手臂往前方伸展，額頭朝下慢慢
靠近地面，感覺臀部打開、脊椎伸
長。維持這個姿勢。手臂保持伸
展，雙手沿著地板移動到右邊，臀
部跟著轉動。停留一下，接著重複
同樣的動作，將雙手移向左邊。

2）慢慢回到盤腿坐姿，右手放
在身體右邊的地板上，手肘彎
曲。接著舉起左手越過頭部，往
右邊伸展，從左手指尖到臀部形
成一直線。維持這個姿勢一會
兒，然後換邊重複同樣的動作。

3）將雙手放回身旁，左手放到右膝
外側，輕輕扭轉臀部，讓右手到身
後，以手指或整個手掌撐住地面，以
便將背部伸直。吸一口氣，感覺脊椎
拉長，維持住這個姿勢。接著吐氣，
換邊重複一樣的動作。這個旋轉姿勢
感覺很棒喔！

4）回到一開始的坐姿。雙手往前伸，左手在右手下方，手掌相對，然後向胸前彎曲手肘，右前臂纏繞住左前臂，如果可以的話，雙手掌心相合。雙手維持這個姿勢，下背部帶動身體向上延伸，雙眼看向天花板；接著，慢慢將脊椎往後彎曲，雙眼看向地板。然後換成左手在右手上方，重複同樣動作。做完後，鬆開雙手，回到盤腿坐姿，將雙手手掌放到身後的地板上，挺胸，感覺脊椎伸展開來。

5）成四足跪姿，背部下凹成弓形，腹部往下，臀部往上，雙手用力頂住地面，雙眼看向天花板。

6）接著，屁股放下，背部拱起，手臂有力地撐住身體，頭部往下垂。

7）回到四足跪姿。右腿往後延伸，用力打直，腳趾彎曲抵住地面。將右手手掌貼地，和左腳掌平行，左膝在左腳掌正上方。左手臂往上伸直，身體稍微向左轉，來個大伸展。

8）將左手掌放在左膝上，然後左手前臂貼著地板，接著右手前臂也放到地面，右腳在身體後方，用力伸直，確定左膝位置還在左腳掌正上方。

9）現在，重心放在右膝上，讓左腳向身體前方打直伸展，雙手往前拉開，把手掌放在兩腳旁邊，支撐身體重量。換邊，重複以上三個動作。

10）四足跪姿，雙手和雙腳伸直、將臀部推高，手掌貼地，手指撐開。想像你的身體從手掌到臀部，以及從臀部到腳掌，都成一直線；腳跟沒有完全貼地也沒關係。

11）左腳往上抬，膝蓋彎曲，維持這個姿勢一會兒，記得保持規律呼吸、肩膀和地面保持垂直。

12）原本抬高的左腳移到雙手之間，平放在身體前方的地板上，膝蓋保持彎曲；右腳往後伸展。雙手掌心平貼地面，確保背部挺直，坐骨坐在地板上。接著，雙手往右邊伸展，頭部朝下，感覺左側身體舒服地伸展開來。

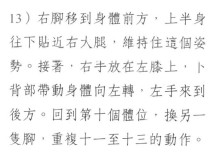

13）右腳移到身體前方，上半身往下貼近右大腿，維持住這個姿勢。接著，右手放在左膝上，上背部帶動身體向左轉，左手來到後方。回到第十個體位，換另一隻腳，重複十一至十三的動作。

14）接下來，雙腳伸直成坐姿，雙手放兩側地板上，挺胸收腹。想像頭頂有一條繩子朝著天花板往上提，幫助自己挺直身體。保持這個姿勢，呼吸保持深長。

15）仰躺在地上，雙手放在身體兩側，膝蓋彎曲，腳跟靠近臀部。

16）將雙手舉到頭部上方，雙腳用力將臀部儘量撐高。保持這姿勢，然後將呼吸的氣息送到所有緊繃的部位。放鬆，回到躺姿。

17）膝蓋彎曲，雙腳往身體左側倒下，左手臂伸到右邊膝蓋外側，臉也面向右側。保持這個姿勢一會兒，接著換邊，重複同樣動作。

18）雙腳回正，兩隻腳掌相合，膝蓋向身體外側打開，手掌放在下腹部。深深地吸氣、慢慢地吐氣，專注在身體的感受上。

呼吸之間

這章結束之前，我想講一下**呼吸**。這是瑜珈的一大重點，也是不可或缺的技巧。呼吸很簡單嗎？其實不然。透過瑜珈，我發覺自己只要緊張或焦慮，吸氣吸飽時會屏住呼吸，胸腔鼓起，因為恐懼而變得緊繃，直到憋不住了，才大口把氣吐出來。我討厭這種感覺。瑜珈幫助我維持呼吸穩定、流暢，讓身心回到比較自然的節奏。

呼吸具有很大的能量，可以很快讓生理和心理狀態恢復平靜。氣氛緊繃時，常常有人建議我們：「深呼吸……」，聽都聽煩了，然而，這真的有效耶。長長的、深深的、規律的呼吸會讓神經系統穩定下來，全身細胞都恢復平靜，把思緒拉回到輕柔的意識之流。這帶給我很多快樂！希望你也會有相同的感受。

本章重點提示

Summary

**身體快樂了
腦袋就快樂**

好好照顧身體,它
就會以美好的方式
和心靈一起合作。

善待自己

感謝身體,並且看
見它的優點。每天
都要這樣做喔!

動一動

不論多微小、多簡
單的活動,動起來
就對了,讓腦內啡
釋放。

對你來說，快樂的**身體**是什麼樣子呢？
在這兒寫幾個字或畫張圖，為這章總結一下吧。

第八章　快樂的家庭

對我來說，家庭的定義是：一支宗族、一群夥伴、一個有親戚關係的社群。

一份根深蒂固的愛，總是讓我有回家的感覺，它讓我立刻想起真正在乎的事物、我的人生價值觀。由血緣或深厚的愛所構成的家族基石，強大而美麗。

我深愛著家族帶給我的歸屬感。直系血親是我的全世界，親戚家族讓我輕鬆融入，而好朋友們就像一個大家庭，給予我安慰和關懷。這些家人構成我生命中的點點滴滴，串連出我的過去、現在、未來。

珍惜家庭時光

成長過程中，我很少想到家庭生活這回事。當你還是小孩子，周遭的一切對你來說都是「正常」的，以為別人的生活也跟自己一樣。

直到我成為父母後，才真正了解家庭生活和它的重要性。有些人可能很早就懂了，不必等到生兒育女，但對我來說卻是重大的一步。在這之前，我把構成家庭的各方面都視作理所當然，也不曉得家庭動力是不斷變動的，因此非常脆弱：新生兒到來、年邁親戚過世、小孩長大了有自己的想法、成員搬家或是因為意見不合而失去聯繫……，家族裡的關係和連結總是不停在演變、重組，好適應生老病死的自然歷程。

成長過程中，我很幸運擁有一對個性堅強、特質又截然不同的父母，引領我度過童年和青少年階段。我媽媽是堅韌的女性，她有許多大膽的想法，而且會努力實現它們，只要我有需要，她總是能增強我的決心。我的父親則像是穩定家庭的船錨，總是提供我客觀又實際的建議。我很感謝他們給予我的支持和自由，從小到大都是這樣，一直到我年紀輕輕就開始工作也沒有改變。

我成長的家庭算是中等規模，有群表親一起度假，四位祖父母都活到我二十幾歲才過世。我很幸運擁有許多值得懷念的家族回憶，比如夏天一起去露營、大吃新鮮法國麵包等等。生長在1980年代勞工階級群聚的倫敦郊區，有這些家人陪伴著我，感覺很棒，我們會在聖誕節、生日宴會、夏日烤肉派對上團聚，一起歡笑，享用美食。

現在年紀漸長，有自己的家，我努力了解家庭內部的運作方式，要怎麼做才能成為家族成員的最強後盾。我覺得很幸運，先生和我關係緊密，也是好朋友，因此能夠共同努力，一起規畫未來，教養方式也能達成共識。

家族內蘊藏著難以言喻的強大力量，可以迅速消弭人際藩籬，毫不猶豫做出勇敢、無私的行動。我歷經困頓時，就親身感受過許多家人的愛，我沒料到自己會得到這麼無私又充滿愛的關懷，這改變了我。之前我深陷低潮時，一開始並沒有去看醫生，也沒想過會是憂鬱症，我阿姨和媽媽就帶著蔬菜香腸卷、咖啡到我家，和我溫暖談心，她們給我的建言、帶來的小食，幫助我做出對的決定——向外求助。家人以真摯深厚的愛接納了我的全部，讓我不會感覺有壓力或是受到批判，這就是家族之愛的極致展現。

另一個讓我意外驚訝的時刻是祖母的葬禮。露比奶奶是祖父母輩中最後離世的，在葬禮上大家都感到憂傷不捨，儀式的氣氛沉重而悲傷，不過當大夥聚集到當地酒吧，一起舉杯追憶逝者，空間裡充滿了愛，我們大笑著說起過往的種種趣事，並且體認到是家人的愛把我們連結在一塊兒。我們也和奶奶的弟弟，九十二歲的海頓叔公重逢了，他是我和奶奶之間的連結，他的身上帶著家族的容貌特徵、思考模式和歷史，有時候，我會忘了感謝這份傳承。

當你感覺迷失方向，或是好像生活中少了什麼，不妨試試感謝身邊親近的人，他們一直都在那裡，有時候卻會被我們忽略。我是家族的一份子，不論這個家族運作是否順暢，家人總是不計前嫌地陪伴著我，永遠把我放在他們心中。

海頓叔公的快樂之道

年紀漸長，我愈知道什麼會讓我快樂，也愈勇於追尋內心的幸福感。對過往，我漸漸能釋懷；對未來，也不再過度擔憂。

露比奶奶過世時，我感受到深沉的哀痛和懷念。奶奶葬禮上，海頓叔公是靈魂人物，我也和他重新有了連結。雖然叔公才剛失去唯一的手足，他還是勉力提振大夥兒的情緒，講了許多很棒的故事逗我們笑。離開葬禮時，我深受激勵，發覺年歲漸長就代表必須累積出更宏觀的視野。現在我每週都會和海頓叔公互寄電子郵件，我很喜愛他對生命的觀點，他活了九十二個輝煌年歲，接下來我們就一起聽聽他對快樂的看法。謝謝海頓叔公，為我們帶來深刻見解：

我是否掌握快樂的要領了呢？我很確定自己一直以來都滿快樂的。我喜歡身旁有人可以一起歡笑，總是設法找出生活中的樂趣，從不散播絕望和憂傷──這可不是我的個性。身處逆境時，我也會想辦法維持正面思考，試著告訴自己：「唉聲嘆氣有什麼用呢？」往好處想，處境才會改善。

我生平第一個快樂回憶是1928年的聖誕節，那時我才四歲半，雖然家裡沒什麼錢，氣氛還是很歡樂。我們自己做彩色紙環，拿來裝飾房子一樓的空間，我和姐姐露比玩得很開心。第一個下雪的記憶可能也是那時候吧，感覺雪又厚又重。隔年，大人准許我在雪裡滾來滾去，雖然後來不太舒

服，身上的大衣都濕了，那次經驗還是很棒，留下了快樂的回憶。老實說，那樣做滿自私的，給我慈愛的母親添了不少麻煩，她還得把我擦乾呢，但我當時真的玩得很開心。

我和家人、朋友或是陌生人相處時，總是很輕鬆自在。我沒有受過正規教育，但我學到要對人們說出來的話保持興趣；只要留神聆聽，每次都能學到一些東西。我也學到，當別人說話時，絕對不要試圖放大音量蓋過他們的聲音。

現在，我的快樂就是照顧帕梅拉——我孩子們的媽。她記不得前一天的事，對我們過往的生活也只剩下零星的記憶，我們透過看照片來克服這個問題，幸好我以前拍了一大堆照片，而且我很有耐心，這可幫了大忙。我的另一個熱情所在，也帶給我很多快樂，就是努力打拚，留下一些財產給孩子們，讓孫兒輩可以接受高等教育，並協助他們買了第一份房地產。擁有這些親愛的孩子，我們真是無比幸運。

年輕時，只有個人享受才能讓我感到幸福，其實滿自我中心的。後來，一位工作上的顧問告訴我，「不管做什麼，一定要記得將你的成就歸功給員工。」我發覺，這麼做帶來的喜悅和幸福，比以前要多得多。

快樂時光是不是更令人難忘？這還用說！我從不回想那些不愉快的記憶，是可以從它們學到教訓，但不要鑽牛角尖，那樣一點好處也沒有。

「非傳統」家庭

無論你的家族是大是小、吵鬧或安靜、是老人還是年輕人居多，那都是你的家族，而你是其中一分子。重要的不是家庭的樣貌和人數多寡，而是家族給你的歸屬感。

我們家一點都不傳統，但是它很適合我們，很有樂趣、很熱鬧，我們就喜歡這樣。我和傑西相遇時，他已經有兩個孩子，我很榮幸能當他小孩的繼母，也很努力想要做好。我並沒有要當他們的媽媽，他們人生中已經有這樣的角色楷模了；我只是陪伴在身邊，在他們有需要時給予支持、愛和安定感，同時也對他們開誠布公。

從我和傑西相遇，我們就對兩個繼子女保持坦率態度，我認為溝通是讓每個人都感覺舒服安全的主要關鍵，如果每個當事人都清楚現在發生了什麼事、現況可能會有什麼改變，大家就能夠一同走下去，不會感受到害怕或驚嚇。

我們懷第一個孩子雷克斯的時候，最先告知的就是我的繼子女，亞瑟和蘿拉。在整個懷孕過程以及孩子出生後，他們倆扮演了不可或缺的角色，非常積極地歡迎雷克斯加入這個家

家族給予我們的感受，總是混雜著快樂、安全感，還有惱火！每個家族成員都帶給你一點東西，可能是正面的，也可能是負面的。

現在，想著你的每一位家人，把第一個出現在腦海的詞語寫下來，不要想太多。完成這份清單之後，回顧你寫下來的東西，全然接納這些感受，想想看你可以從這裡頭得到什麼，無論是一份支持或是一點領悟都好。

媽媽：　　　　　　　　　祖母：

爸爸：　　　　　　　　　祖父：

繼母：　　　　　　　　　外祖母：

繼父：　　　　　　　　　外祖父：

哥哥：　　　　　　　　　姑姑／嬸嬸：

姐姐：　　　　　　　　　阿姨／舅媽：

弟弟：　　　　　　　　　叔叔／伯伯／姑丈：

妹妹：　　　　　　　　　舅舅／姨丈：

哥哥：　　　　　　　　　表哥／表弟：

姐姐：　　　　　　　　　表姐／表妹：

弟弟：　　　　　　　　　堂哥／堂弟：

妹妹：　　　　　　　　　堂姐／堂妹：

庭，對小弟非常溺愛，很興奮有新成員加入。傑西和我決定
要結婚時，孩子們也是最早知道的，還幫我們選結婚蛋糕、
婚禮的音樂，在這個大日子裡擔任了重要角色，一家人團結
在一起。傑西和我的第二個孩子，哈妮，現在是家庭裡最年
幼的成員，哥哥姐姐們同樣幫了好多忙，和小哈妮相處時的
模樣也很可愛。他們之所以能有如此表現，是因為對家庭即
將來到的改變很清楚。

近來，重組家庭愈來愈普遍，不過大家對它還有些陌生和不
確定。我們向來沒想太多，這個家的組成就是這樣啊，我們
覺得沒什麼不同，並且努力以適合自己的方式來經營它。

親子之間

為人父母壓力好大啊，但我一點也不後悔。不曉得孩子的爸
是怎麼想的，但是當媽媽就是把家庭當成一**切**！你會開心得
不得了、挫敗得不得了、興高采烈到不行、得意到不行、擔
心到不行，還有其他許許多多的情緒摻雜其中。

我從不把當媽媽視作理所當然，當父母有許多責任。兩個在

畫出你的全家福，或是把你最喜歡的家庭照片貼在這裡。

我肚子裡生長的小生命正在摸索著這個古怪的世界，而我是主要的嚮導，光是想就令人腦袋發昏。

自從有記憶以來，我就一直很想生養小孩，但是當母親真的和我想像的不一樣，那份母愛，是我生孩子前完全想像不到的。我深愛著先生，對小孩的愛卻是另一種，不是更多或更少，就是不一樣。有時候，我對孩子的愛多到快滿出來，讓我很挫敗、很擔心，懷疑自己是否做得夠好，就像很多母親一樣，這份愛讓我非常介意自己是否盡力。我完全沒料到會這樣，還以為可以無憂無慮、輕鬆悠閒呢，結果根本不是這麼一回事。這個領悟是突然之間發生的，前一刻，你還懷著孩子，既興奮又期待；下一刻，小孩出生了，你的內心充滿擔憂和自我懷疑。幸好，這些新鮮而陌生的感受，伴隨著一份純粹而強大的愛，心中的憂慮消散而去。

我清楚記得第一天帶雷克斯回家時，我真不敢相信，沒有助產士全天候在一旁協助，我該怎麼照顧這個小人兒，讓他好好活著，同時還得撥出時間幫自己刷牙、偶而洗個澡？首次跨出當父母的一小步時，感覺很奇特，經過時間累積，總會找到解決家庭難題的方法。現在，我們家每個成員都知道自己在家中擔任的角色，而且很清楚哪些行得通、哪些行不

通。我們一起共度許多歡樂時光，滿溢著笑聲和喜悅，雖然也不乏混亂時刻，但我知道就算水槽裡堆著髒碗盤、地板上放著沾滿花生醬的樂高積木，這些雜亂中藏著深厚的家庭之愛，能夠擁有這一切，是很有福氣的。

我對孩子們的愛，以及他們回報給我的愛，讓我受寵若驚，每當看著他們的臉龐，就覺得自己是世界上最幸運的人。我好喜歡當媽媽，能夠和我的孩子以及繼子女有著如此神奇的情感互動，讓生活更有活力與熱情，內心無比感激。

不想生兒育女的人，同樣能從身邊的親人得到真誠的愛，比如父母、手足、姪子或姪女等。停下腳步，用心感受在混亂中的那份家族之愛，讓它豐富你的生活吧。

職業婦女的內疚

身為職業女性，又要經營家庭，帶給我許多意外的挑戰。

我生長在一個工人階級的家庭，父母勤奮工作、治家有方，讓我過著舒適的生活。我認為這很「正常」，根本沒想太多，而且我還要忙著當小孩。我媽兼了三份工作，牙醫診所護士、清潔工、服飾公司的貨運司機；而我爸是招牌寫手，從以前到現在工作都非常忙碌。爸媽的敬業精神對我的影響非常大，更形塑了我的人生價值觀。

我對工作很有動力，也非常喜歡現在的職業，因此，我必須在自己和孩子們之間找到平衡。這為我帶來很多罪惡感，因為我從不確定是否兩邊都兼顧了，我常希望一天可以至少多出四個小時，讓我把不斷增加的待辦事項全部做完。當媽媽後，我一直在處理罪惡感，我發覺和其他職業媽媽們談話真的很有幫助，她們給予的建議、分享的個人故事都相當受用。選擇出外工作或在家帶孩子，總是各有優缺點，只要你是基於個人狀況所做出的最佳決定，這樣就夠了，我經常要如此提醒自己。

我覺得自己運氣很好，進入職場多年後，現在有些工作可以在家完成，可以選擇喜歡的專案。我很慶幸事業已經到達這個階段，希望我享受工作的態度會讓孩子們明白，他們也可以透過努力來完成夢想。不管有沒有出外工作，你都可以從你的處境中找到正面的力量，孩子也會受到正面的影響。

用正面心態，面對難搞的家人

家庭以外的親族網絡總是不斷膨脹，而且挺複雜的，在大家族裡，幾乎是鐵定會碰到合不來的親戚。

從小我就注意到家族內有些成員間有摩擦和張力，但不太清楚其中細節；有些家人不跟其他人講話，碰到某些場合就低聲耳語。不過，我覺得這種現象並不稀奇，畢竟家族是由形形色色的人所組成，每個人的想法、個性都不同，只不過是剛好有血緣關係而已。

我和某些家族成員的關係一言難盡，讓我經常感到苦惱和焦慮，這種情況並不容易處理，不過，這也提供了一個學習的

機會。無論是我們出生或自組的家族，都經常提醒我們還有哪些需要改進和成長之處。家族總是複雜的，但只要我們知道自己的角色，就能慢慢了解彼此的行為模式，並察覺到每個家人的需求。你在家族中扮演什麼角色？是組織者？麻煩製造者？挑戰界線的人？協調者？還是傾聽者？你對自己的角色感到很自在，或是迫於他人期待才擔任的？如果你覺得負荷太重，或是不想再扮演這樣的角色，有沒有改變的可能？是否有辦法把過重的責任分配出去？或者，你發現有家人正在苦苦掙扎？有沒有辦法幫助他們卸下重擔？只有你才知道這些微妙的情況，以及有多少改變的可能性。

聽來可能有些刺耳，那些逼我們做出反應的人，通常也是教導我們最多的人，他們讓我們想得更深，認真檢視自己在家族生活中的行為和感受。我們要如何處理這些情況，才是最重要的。我深愛著自己的小家庭和大家族，所以老實說，我不太願意把自己家族內部的紛擾狀態寫出來，我只能說，每個家族裡都有好相處的人，也有麻煩的傢伙，大家在生活中都要面對這些挑戰。我曾經捲入家族紛爭，見到其他家人之間鬧不合，也曾用不同的方式和角度來回應。我一直努力敞開胸懷，站在愛的立場來行動，但還是會被捲入誇張的爭執和宿怨中，多年以來，我知道自己曾因為挫敗感和憎惡而強

力反擊、脫口說出情緒性的字眼，忽略全局，沒有保持開放的心胸來看待一切。我們唯一能做的，就是放下憤怒、挫敗等情緒，以正面的角度做出選擇，這麼做會讓我們迎來內心平和，也會更加快樂。

想像一個美好的家庭聚會

假如有個家族聚會就要到來，氣氛可能會不太好，或是有爭執尚未落幕，何不試著在腦海裡想像一切順利的場景？首先，試著放下你的偏見，如果我們認定某些事情一定會發生、某人一定會說出某些話，那就預設了失敗的結局。我們對未來都會有些先入為主的想法，結果事情果然這樣發生了，那麼，為何不試著反向操作？以開放的態度去想像，雖然可能仍會有不愉快，但你會安然度過，可以完美控制自己的言行，不管碰到什麼事情，你都能夠以良好風度處理。要記得，沒有人能夠控制你，就算你不這麼覺得。說的雖然比做的簡單，但就像人生許多事情一樣，只要多加練習，就會愈來愈容易。你可以把這項練習當做每天的小小實驗，問問自己：「要是我以截然不同的方式來處理這件事，結果會怎樣呢？」

或許你阿姨老是提起你以前的糗事，而你則以惱怒和反諷的語氣回應，提早離開聚會，回家路上還氣呼呼抱怨個不停。如果事情發生的時候，你把那位阿姨拉到一旁，好好告訴她，這些話讓你有多不舒服，而你只希望家族聚會充滿歡笑和愛。這麼做好像不太自然，卻能打破長年來的行為模式。

又或許你妹妹跟父母相處時，老是表現得像小孩一樣，你父母非常寵愛她，卻沒有這樣對待你。你慣常的反應可能是封閉起來，不願意和他們交流互動，因而創造了一個連漪效應——讓他們變得更親近，而你則感到更疏離，更不爽。與其如此，不妨試著觀察妹妹現在的人生狀態，也許她比你更需要他人的注意和關愛，這是她個人的弱點，你沒有必要受到影響，也不用因此變得不快樂。你可以坦誠地問妹妹，為什麼她的行為表現變得不太一樣，因為她自己可能並沒有察覺到；或者你也可以任由她繼續這樣下去，但是保持冷靜，不要讓它影響到你與家人的相處。

如果你的確碰到家族紛擾，何不在前往聚會的路途上，把你希望的情況在腦海裡搬演一遍？想像你想要的畫面，把它當作有趣的實驗，雖然不見得立即見效，卻會改變你的心態，幫助你接受接下來發生的一切情況。

家族聚會上，你擔心碰到哪些家人？

他們做了什麼，造成你的負面反應？

這樣的情況讓你有什麼感覺？

對於這樣的行為模式，你通常有何反應？

你希望下一次的家族聚會可以如何進行？

如果氣氛變得緊繃，你會怎麼做？

跟以前的行為模式和糾葛說再見，會是什麼感覺？請盡量誠實，畢竟有時候實在很難放下。

只要碰到類似處境，我就在心裡回顧以上問題，讓腦袋裡不要有太多期待。自由了！一切在掌握之中。你也試試吧！

有時候我們會感到內疚，居然把家族紛擾當作消遣，它成了我們回家路上的熱門話題、讓我們趁機發洩內心的不滿，或者把它視為家常便飯，見怪不怪。如果你覺得這樣子滿開心的，那就隨你的心意去做；如果你渴望改變，已經受夠了這些互相傷害、緊張焦慮的戲碼，那就開始把你想要的畫面視覺化吧，讓它們栩栩如生浮現你眼前，並且努力實現。

每個家人都是因為愛而誕生

請務必切記，家庭生活一定會有艱辛的時刻，誰都無法倖免，在某些時候都會經歷到。我認為，只要誠心誠意彼此溝通，站在愛的立場來處理可能的衝突情況，和樂的狀態就能實現。不要害怕打破過往習慣，也不要因為尷尬和張力長期存在，就一味忍受，試著解決問題，如果真的沒辦法，就透過它來學習。

最重要的是，對自己的家族表達感謝，不論是有血緣的家庭，或是你選擇投入的群體，感謝那些逗你大笑的人、挑戰你底線的人，感謝以愛凝聚而成的力量。不管家族內部發生了什麼事，**愛總是鞏固了核心**，每個成員都是因為愛而誕

生，不論是否表現出來，愛都在每個家人的血脈內流動。全
心感受這份愛，大方表達謝意，並且以愛回報。

本章重點提示

Summary

珍惜家庭時光

花點時間記住家人曾為你做的一切，重溫家人支持所帶給你的快樂。

遠離母親的內咎

事情沒有絕對的對或錯，不要過度責怪自己。不管妳是選擇外出工作還是待在家，妳的孩子都會從妳身上得到美德和母愛。

想像好事會發生

不要認定家族鬧劇一定會發生，以開放的心胸和態度來面對家人。

對你來說，快樂的家庭像什麼呢？
在這兒寫幾個字或畫張圖，為這章總結一下吧。

第九章　快樂的感恩

說聲「謝謝」太容易，以致於我們都忘記它的真正涵義。有人為我們倒茶，我們說謝謝；陽光燦爛，我們低聲感謝；內心憤怒不情願，我們吼著說「謝謝」；我們用酸言酸語道謝，刺激對方作出回應；期待許久的時刻終於到來，我們也會大聲感謝上天。我們整天在各種不同情境中聽到它，卻很少了探究它的真義。

真心誠意的感謝，會感動你的內心世界，提高你的人生視野。

培養感恩的習慣

心懷感恩是值得培養的好習慣，就像每天都要記得喝很多水，才會感到滋潤而有活力。這習慣並不是自然的，不過一旦它變成你每天生活的一部分，就可以隨時說出來。

從小，我們在日常生活中就很習慣說「謝謝你」，大人教導我們，這樣講話才有禮貌；不過，要等到長大成人，我們才真正發現它的力量和感受。當你感到非常幸福時，會湧出真摯感恩的心，不由自主露出微笑，為了眼前一些簡單的小事而深深**感謝**。真心的道謝能夠喚醒感知、活化思考方式，更能體會生活中值得感謝的事物。

我很喜歡用各種不同方式來表達感謝，寫信、寫卡片、送花、擁抱、親吻。我從小就被教導要清楚且真誠地向人道謝，有時候我沒做到這一點，想到就覺得很難為情，希望多年來幫助過我的人們能知道我內心有多麼感激。

我一直很不擅長向人求助，所以只要有人主動對我釋出善意，我就會感動到不行，馬上想起人性的美好、人際互助的力量。同樣地，聽到別人的道謝，也讓人覺得心頭發熱，因

爲你知道自己提供的幫助，對某人是確實受用的，不管是有
心還是無意，都令人覺得像作夢般美好。

對擁有的一切心懷感激

當我們心情不好或感到憂鬱時，注意力會放在生命的匱乏，
看不見身邊珍貴可愛的事物，只盯著自己**沒有**的東西。練習
感恩可以讓我們的焦點從「缺乏」和「想要」中拉回來，用
放大鏡來檢視自己擁有的幸運與快樂，增強對目前生活的舒
適感和滿足感。

經濟是靠著人們的匱乏感推動的，一雙閃亮的樂福鞋簡直改
變了人生，讓你覺得非常滿足；嶄新的渦輪引擎性感跑車，
正好填滿你的空虛；像棉花糖一樣柔軟舒適的新沙發，會讓
客廳更完美，似乎人生就在掌握之中。

並不是每個人都在欲望的泥沼裡不可自拔，但我們多少都有
一點這種傾向。我就目睹不少人墜入欲望的魔掌，有些人並
不自覺，有些人則大方表現出來。我有個好朋友就坦承，他
們很喜歡把錢揮霍在衣服和家具上，得到許多快樂。的確，

每日的感謝練習

日期：..........

我很感謝：

. . . .

日期：..........

我很感謝：

日期：..........

我很感謝：

. . . .

日期：..........

我很感謝：

. . . .

日期：..........

我很感謝：

. . . .

日期：..........

我很感謝：

當我們得到自己熱愛的東西時，感覺很爽，卻無法提供我們所渴求的完整感和恆久的滿足感。

有時候，購物讓我們進入買東西和找東西的幻境，藉此逃避檢視自己的人生。邁向改變最好的起點，就是對於自己擁有的一切，不論是物質上或精神上的，都心懷感恩。

生命中總有些片刻是美好的

如果你覺得自己的成就不夠高、活得不夠暢快、表現**不夠**好，那麼你只看到拼圖的一小角。真正的你是非常複雜且獨特的，你聚焦於生命中缺失的那一部分，卻見樹不見林。我自己也常常這樣！所以，讓我們認識一下**感恩**這位很棒的新夥伴吧！他身騎白馬，手持盾牌，為你擋掉自我批判，讓你看清楚事實，或許你擁有的某些東西還挺不錯的呢。

真誠地練習感恩，會讓我們聚焦在一些經常被忽略的日常事物上，具有把我們拉出低潮的力量。日子難熬時，我就試著這麼做，當我陷入嚴重憂鬱，覺得做什麼都沒有用時，我真心感謝我的家人，但同時又伴隨著罪惡感，覺得自己不夠努

力，無法回報他們。我感恩的心浸泡在黑暗中，僅存的一丁點正面想法也被沾染黑。

要爬出這個深淵，需要時間、精力、支持，以及思考的過程，不過，只要開始一步步往上攀爬，我就能再度升起感恩心，珍惜擁有的一切。雖然眼前仍是一片黑暗，但可以瞥見身旁有很多愛我的人，只要我覺得時機合適，隨時可以找家人和摯友們談心。

接著，我發現畫畫、跑步可以讓精神更專注。我是自由的，想到這一點，前方的黑暗便開始滲入一抹光亮。我可以聽音樂，任旋律洗刷內在的混亂，感覺很好、很明確且輕鬆；我可以回味和好友們共度的燦爛夏日時光，美好回憶誰也奪不走；我可以沿著河岸散步許久，凝望水面漣漪，感覺微風輕拂過臉頰。這些都是我可以做的，還有很多事情可以幫助我心神安定，讓我心懷感激，這些美好事物就存在我身邊，只要把視野打開，就會發現我的生命如此豐富。即使你覺得自己一無所有，總還是有些東西或經歷是值得感謝的，它可能很微小而不顯眼，卻很值得珍惜，如同一顆小小的種子，不斷成長就會變成大樹。

因為感謝，悲傷也不那麼痛了

跟大家一樣，我遇過一些很棒的人，他們面臨逆境時，找到激起生命力的事物就緊緊握住，滿懷感激；他們讓生活和愛閃閃發亮，即使在最灰暗絕望的時刻，還是努力開創全新的思維，往光明面前進。這樣的心態和生活方式總是鼓舞我，我藉著他們的故事來勉勵自己。

幸運的是，我的人生伴侶就具備了這樣的生命態度。傑西在人生看似順遂時，猝然痛失母親，前一刻他的媽媽還健在，下一刻媽媽就走了，生命驟然開了個巨大缺口，真的很不公平、很錯亂，讓他失去方向，想要抓住任何能站穩腳步的東西。那段日子實在很可怕。傑西和媽媽克莉西非常親近，她培養了他風度翩翩的社交技巧、渴望冒險的特質，每當他需要協助時，她也總是全力支持。失去母親，傑西的世界也失去意義。

他試著麻痺自己的情感，直到最近，他往療癒之路跨前一步，讓自己貼近失去母親的感受。這樣做有時候真的很痛苦、很混亂，他堅定懷抱著一個信念，就是感謝。他談起母

親時總是充滿了愛，回憶過往點滴和趣事時，時而翻白眼、時而大笑，他非常感謝跟母親在一起的每一分每一秒，由衷感激她在他成長過程中所展現的韌性和力量。透過對母親的深深感謝，他將失落和悲傷轉化為充滿回憶和啓發的新故事。這個歷程觸動了我，使我看到感謝的強大力量。

平凡而微小的幸福時光

不是只有大事才需要感謝，簡單的小事也值得感激，這樣我們才可以在每天的生活中保持感恩心。帶著謝意對待平常忽略的事物，對周遭的覺察力也會提升。

例如我現在正坐在家裡廚房的高腳椅上，忙著用筆電寫作，當下這一刻，可以用這樣一句話帶過，然而，若好好發揮感謝的魔力，我就開始感受到夏夜晚風從窗外吹拂進來；我聽見附近教堂的牆上，有烏鴉啼叫；喝下的這杯茶讓我覺得很窩心；我輕聲感謝屋子裡的平和氣氛，因為可愛的孩子們都已乖乖上床睡覺。這個小小的平凡時刻變得非常特別，因為對所有事物心存感恩，你自然就會遠離負面能量。

練習對逆境說謝謝

現在來談談最困難的部分：感謝逆境。這點我也做得不夠好，所以寫到這一段時，雙手很僵硬，邊想邊嘟嘴。為什麼我們要感謝那些不公平又糟糕的鳥事？為什麼要對那些曾狠狠傷害我們的人說謝謝？當然，你可以不這麼做，但它卻可以讓過去的痛苦和恐懼消散不少。

在這本書裡我談了很多關於自己陷入悲傷、憤怒、困惑的那段日子，當時，我只覺得黑暗籠罩，一絲光明都看不到，即使到了現在，要真心感謝那些時刻，似乎不可能，但每當我內心升起一點點感激，沉重感就減輕了些。所以，努力吧！

我心裡知道，那段黑暗歲月已轉化成純淨的光亮。若沒有憂鬱症的經驗，我寫得出這本《快樂一點點就好》嗎？大概沒辦法吧，因此我感謝它；如果我不曾跌落谷底，能夠擁有這樣的同理心嗎？可能不會；所以，黑暗時光，謝謝你。假如我不是這麼拚命地想要爬出不快樂的藩籬，我會和這些很棒的人們相遇嗎？絕對不可能。

即便過往片刻對你來說就是悲劇一場，至少你因此更了解自

己一點，這就值得感謝了。它們可能讓你學到不要隨意批判別人，讓你發現自己在必要時可以變得多麼堅強，能引領你看見人生的不同風貌。當你身處風暴中，似乎什麼都不可能，風暴過去，斷垣殘壁之下存留的是奮鬥過的一點一滴，就值得我們心存感激，這些微小的種子或許會長成繁茂大樹，讓你意想不到。它不會讓可怕的日子消失，卻讓生命的痛苦變得比較可以忍受。

要對討厭的逆境表達感謝，對我來說還是很困難，隨著時間累積和練習，應該會慢慢地變容易吧。

尋找生活中細微卻美好的事

假如你想不出來該感謝什麼，最簡單的就是看看大自然，它像一幅雄偉的藝術品，變化萬千，令人讚嘆。就算你還沒辦法專注感受日常生活，至少在大自然中，你還是可以發現新鮮和值得欣賞的事物。

只要走出戶外散步五分鐘，做幾個深呼吸，抬頭望望天空，打開耳朵，聆聽周遭的聲音，就會聽到鳥鳴啁啾，看到天際

要學習感恩，就從簡單小事開始。對生活中的細微事物展現謝意，並看著這股感恩能量不斷累積壯大。

下圖這些小小的方塊是很好的示範，讓我們看見周遭的美好事物，並且在身處逆境時保持正面心態。在每個方塊中寫下一件你感謝的小事，看著心形圖案逐漸被填滿。

一道粉紅晚霞，或感覺到雨滴滑落眼瞼。感謝這些微小而神奇的美好。

從小處開始，認真注意這些細微的事物，再慢慢一步步往內心世界走去。只要努力尋找，你一定能在某處發現小小事物的魅力。

我時不時就會列出一份感謝清單，動筆寫字似乎讓我的思緒更清晰，更能表達出內心的謝意。這是一個很簡單的方法，讓你將感恩心融入思維當中，需要時你也可以試試看。就算一整天都沒什麼特別的大事發生，找找看四周是否存在著你從未注意到的神奇。

把此時此刻會讓你感到有活力或快樂的事物寫下來，可以是很重大、很窩心、很特別的感謝，也可以是很微不足道、但對你別具意義的小事。

我今天的感謝清單

- 感謝孩子們的笑聲，讓我的心裡也迴盪著銀鈴般的聲響，靈魂都甦醒了。

- 感謝陽光，在我剛剛去花園時，輕吻我的臉頰。

- 感謝今天在工作上遇到的新夥伴，個個都既風趣又有魅力，讓我精神振奮。

- 非常感謝今天吃的每一口食物，為我的身體補充能量。

- 感謝今晚夜空高掛的一輪明月，好美啊。

- 感謝那些和我處不來的人，讓我時常自省，琢磨出更好的應對方式。

- 感謝溫暖的床鋪，讓我馬上可以鑽進被窩，這種感覺最棒了。

- 深深感謝所有我愛的人，和愛我的人。我好富足。

請寫下你的感謝清單

今天，我很感謝：

本章重點提示

Summary

善用感恩心

如果你正處於低潮，關注你感激的事物能夠幫助你發現世界的美好。

尋找簡單小事

每天都要找出一些簡單的小事好好地感謝，而不是偶一為之。

感謝逆境

試著把注意力放在學習到的功課上，並且為此感謝那些考驗。

對你來說，快樂的感恩像什麼呢？
寫幾個字或畫張圖，為這章總結一下吧。

第十章　快樂的分享

這可能是本書最重要的一章，討論人與人之間的連結、團隊合作的魔力、付出與分享。分享最強大的能量交流，會讓不可思議的事情發生。從每天早上我三歲兒子雷克斯的擁抱，到住家附近咖啡店裡的快樂問候，就是這些小小的時刻，讓我覺得人性真可愛。

面臨阻礙時，好朋友能夠幫助你克服難關。我很幸運，有一群朋友可以互相分攤肩頭重擔，只要打個電話給好友小聊一下，就可以化解煩惱。願意傾聽的耳朵、同理的分析、溫暖的關懷、坦率的建言，這些友誼給了我莫大的幫助。

加入有歸屬感的小團體

我們每個人都把自己當作獨立的個體，爲了心中重要的事而努力奮鬥，爲了實現目標而彼此競爭，專心衝刺。我們已然遺忘，全世界所有的能量都會四處流動、彼此共振，在地球表面形成巨大漣漪，構成複雜的能量共同體，而我們都是其中的一分子。因爲忘了這個事實，我們陷入寂寞感和孤獨感中，彼此爭戰，把其他人都視爲敵人，害怕自己被傷害。然而事實並非如此，陌生人或是想法與我們相左的人，有時候可以爲我們的生命帶來無窮啓發，譬如全新的思考方式、新鮮的觀點，或是一條柳暗花明的新路。人與人之間的連結可以打開你的心靈和胸襟，當然，也帶來更多快樂。

成爲一個群體、團隊或社群的一分子，能幫助你鞏固美好生活的基礎。人際連結會創造愛、正面的改變、強大的影響力，以及勇氣與力量的網絡。能夠和了解你並且**愛**你的良善人們邂逅，是多麼令人開心啊！而有能力去愛人、了解別人，也是很棒的幸福啊！

寂寞感是現今世界的重大問題，引發許多痛苦和絕望。沒有人該寂寞孤獨，每個人都值得被堅固的友誼和愛所圍繞。如

果你覺得寂寞，那就向外求援吧，支持的力量比你想像的更靠近；如果你發現有人似乎很寂寞，張開手臂接納他，幫助他了解人際連結有多重要。

我一直在尋找屬於自己的小群體。我喜歡那份歸屬感，成員間有共同的梗和話題，沒有拘束和隔閡。我很幸運，在學校的時候和五個女孩感情非常緊密，積累出美麗的友情，我們在同一個郊區長大，後來各自從事不同職業，現在大家都有小孩了，也一同體會當媽媽的感受。

不管各自生活中發生了什麼事、不管離上次閒聊後過了多久，每次聚會我們的習慣和相處模式還是很契合，三十年的溫暖友誼，讓我們可以一起笑談過往趣事。我覺得自己很幸運，生命中有這麼一群人陪伴，不管我有多迷茫，我知道自己在這個團體內總有個位置。當你覺得迷失或低落時，試著倚靠小圈圈的成員，從群體內得到力量，讓朋友發揮友愛精神，幫你一把。

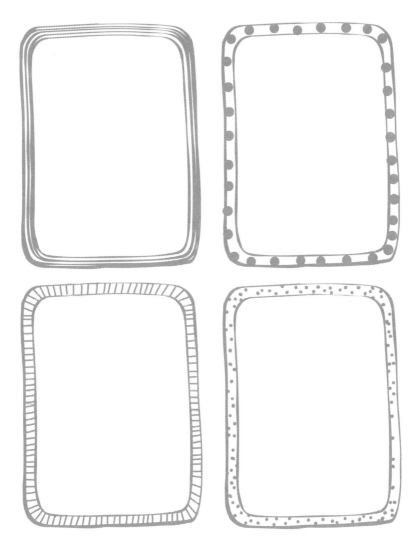

每個人都有自己喜歡的社群和小圈圈，它可能是由朋友、家人或同事所組成，身為其中一分子，總是讓你感到驕傲。請在框框裡寫出你有歸屬感的團體，以及他們為你帶來什麼，例如歡笑、理解或安慰。碰到艱難時，你可以從他們身上汲取正能量。

參與有共同喜好的社團

加入新團體同樣是很令人雀躍且重要的。我和一些人的友誼
維持得不長，只存續於人生中某個階段，和某些人的友誼則
密不可分，帶來許多快樂。有些團體並不是基於個人交情，
而是因為參加活動才發展出來的，表達自己的熱情時，也會
吸引到志同道合的夥伴，進而成為這個群體的一部分。比如
說，你可能熱愛足球，所以跟一群足球迷產生歸屬感；你可
能是某個樂團的粉絲，因此找到了相同品味的靈魂，和你一
起隨著旋律舞動。不管是有意識還是無意識，我們個人的思
想會和其他人不謀而合，一起順著流往前。

我二十歲出頭時，透過電視台和廣播工作，開始投入音樂產
業，真的很棒！這在當時還是很新鮮的文化現象，可以供人
探索投入，而我身旁就有一群同好，熱愛觀賞現場演奏會、
喜歡令人戰慄的絕妙音樂，我感覺自己也是這群音樂人的一
分子。整個音樂界正在共同經歷一場浪潮與脈動，我常常在
不同的表演現場和工作場合上巧遇熟面孔，隨時都可以和某
個人聊得口沫橫飛。這一類團體不需要給我深刻的情感與支
持，還是讓我很有歸屬感，直到現在仍然一樣。

在安全的朋友圈得到力量

我發現，隨著年紀漸長，朋友圈會自動縮小，因為你知道跟誰在一起才會真正輕鬆快樂。我以前會在家辦派對，屋裡擠滿了認識的人、不太熟的人，以及根本沒見過的人。跟一群對我所知不多的陌生人一同歡度快樂時光，是舉辦派對的樂趣和刺激所在。會有什麼問題呢？這個嘛，有不少燈和馬桶座意外損壞，但還是很好玩，我覺得自己置身在想找樂子的人群之中。

現在，我有不同類型的朋友圈，除了學生時代結交的閨密，我還很幸運地擁有「家人」這個強大後盾。先生和孩子們就是我的最佳夥伴，給我歡笑、支持，也給我添麻煩、讓我生氣，而且總是拿捏地剛剛好，讓我能夠從中學習，並且感受到愛。我擁有兩組家人，卡頓家和伍茲家（先生家），每個成員的特質和性情都不同，兼容並蓄，身為這兩個家族的一分子，讓我非常有安全感。

年紀稍長後，我也結識了一群很棒的新朋友，我很喜歡他們，在他們身邊我可以百分百做自己，放鬆談天。我喜歡邀請這群氣質非凡、來自各行各業的好友到家裡來，暢快地大

聊特聊。我超喜歡這種聚會的，什麼事都有可能發生：一個
絕妙點子引發熱烈討論；幾句金石良言化解憂慮和迷惘，空
氣裡漫著平和氣息；一則小故事惹來哄堂大笑。談話激盪出
靈感的火花，氣氛滿盈著溫暖與愛，周圍的能量場也不斷地
變化。

我好幸運可以擁有這些朋友圈，讓我很有歸屬感。這並不代
表成員間總是和樂融融，但就算有摩擦出現，每個人都知道
最後一切都會沒事的，因為彼此間有深厚情誼和熟悉的相處
模式，不管有什麼問題總是能迎刃而解。

傾訴能減輕煩惱

好朋友是我們人生中最純粹又最強大的美好禮物。與其給我
一雙嶄新美鞋，還不如讓我和好朋友一起喝杯咖啡。跟真正
了解你的人相處時，你可以開懷暢談，也可以專注聆聽，從
中學習；你可以儘管展現熱情、表達真我，因為知道對方絕
不會評斷你，累積在內心的煩惱可以放心地訴說出來，不再
因為孤獨感而持續擴大。只要我碰到問題或憂慮，就去找某
些朋友談心，心底的尖銳痛苦立刻得到緩解。我會把鬱結心

笑臉圖

今天，每當你臉上露出笑容時，就把原因記錄下來。保持微
笑！這份記錄可以跟別人分享，也可以讓你的大腦了解身體
的真實感受。

中的煩惱或事情說出來，雖然口氣慌張焦慮，可是話語傾吐出的剎那，就覺得問題沒那麼嚴重了。擁有這樣的友誼，提供不同的觀點建議，真是最棒的滋養。

把憂慮藏在心裡是無意義的。有時候，我們認為自己必須堅強起來，獨力解決問題；其他時候，我們則是太過羞愧、害怕，不敢把心底的話說出來。羞愧感是非常危險的情緒，讓我們沒辦法和他人分享，消耗能量且毫無必要。好朋友會坐下來聽你說話，讓你的羞愧感瞬間消失無蹤，減輕你的束縛和心頭重擔。

一次次，我體驗到兩個人彼此連結交流後所迸發的力量。向另一個人傾吐你的故事，你的觀點和思路可能就此改變，讓情況翻轉。所以，一定要把煩惱說出來，也要好好聆聽，這會幫你釐清該努力的方向。

對陌生人釋出善意

我很高興有些朋友會來尋求我的意見和協助，讓我備感榮幸，他們知道我不會評斷他們，可以放鬆地卸下心防、露出

脆弱之處。對朋友伸出援手是快樂的事，經常變成很棒的交流，利人也利己。你付出時雖然不求任何回報，最後卻感覺棒極了。

幫助陌生人同樣令人開心，卻多了另一層意義，好像打破一條不成文的規矩，或暫時跨出原本的生活，因為向不認識的人釋出善意，是令人忐忑不安的，不曉得對方會如何回應。你可以幫陌生人付咖啡錢、協助街邊情緒崩潰的路人，或面帶微笑幫別人開門，這些善舉都是在散播幸福的漣漪，而你也會馬上獲得喜悅，有什麼不好呢？

向朋友學習

陷入低潮時，我們很容易封閉自己，縮成一團躲起來，與外界隔絕。你切斷了跟所愛之人間的連結，選擇獨自一人，是因為不想讓別人捲進痛苦的漩渦。我偶而會這樣做。有時候，我必須讓自己慢慢走過這段黑暗期，也知道它終究會過去。等到風暴平息，我就會伸手尋求必要的協助，再次與外界連上線。

你們現在已經知道，我超不會放鬆的。放鬆不是我的本性，我覺得一定要努力追求成就，即使是小小的成就也好。這週我剛好和友人寶妮碰面，她年過七十，睿智又開明，她的人生相當精采，曾遊歷四方，內心總是有豐沛的愛，跟她坐在一起聊天，收穫良多。她沉靜自若的修養已經到了大師境界，我們倆在一塊兒時，她就像太極的陰，我是陽。

她察覺到我的緊張不安，因為我在掛心孩子的事，而且還沒從白日的忙碌模式切換過來，她幫我在沙發上調整成比較放鬆的姿勢，讓我把腳往前方伸展，然後用低沉、沙啞、熟悉的嗓音說：「放～～鬆～～」，我馬上感覺到內心的憂慮消散無蹤。我的肌肉放鬆了，整個晚上都沉迷在她的想法和生活方式裡，我們聊到人生與愛，她帶領我進入一個我想不到的精神境界，在這裡，緊張消失了，腦袋也不再嗡嗡嗡地轉個沒完。我們的連結讓我能夠感受這個片刻，想起了**存在**的重要性。

從朋友身上學習，從他們的角度看世界，就算只有一下子，也許就是你所需要的改變。

敞開心胸，發現自己並不孤獨

有時侯，我們刻意保持孤立，是為了逃避面對自己。如果我們懷著某些信念，藉此去追求自以為想要或需要的東西，這時，就很難接受別人的不同意見。或許你相信只有追求成就才能證明自己的價值，所以你總是工作過量，朋友們和愛你的人都試著告訴你，人生並不是如此狹隘，可是聽進這些忠告、與人親密連結，就等於要改變自己的人生觀。相較之下，保持封閉、繼續自己的模式，似乎容易多了。

或許你身陷在不良的人際關係中，卻因爲太害怕而不敢離開。你身邊的朋友們全都委婉勸你，最好能夠做一些改變，可是你卻聽不見這些話，因爲要承認事實太困難了。與其讓生活產生巨變，不如跟那些愛你的人切斷聯繫，還比較簡單。在某些時候，縱使心底知道事實眞相，但爲了保護自己，我們都曾經這麼做。

聽聽身邊的人怎麼說，不代表你必須要遵從別人的想法，不過，如果你敞開心胸，願意改變，就會發現你並不孤獨，並且看見一條更快樂的道路。

所有人都是一體的

身爲人類，我們能夠體驗愛，這是多麼幸運的事啊！遇見某個心愛的人，魔法和能量就降臨了。當你看著人生伴侶、好友或自己孩子時，或許曾有過這種感受：周遭空氣中洋溢著熱烈的火花，雖然眼睛看不見，你全身的細胞都感受到了，愛的魔力在你體內流動震盪，重新改變你的人生方向。

人間的情感連結造就了我的性格、我的選擇，以及我看待這

世界的方式。就算周遭所有事物正在崩解，我還是能夠好好
過日子，並且對帶給我神奇魔力的人們心懷感激。

千萬別低估人與人之間的交流、良善的言語以及微小的心
意。跟人們保持聯繫，並且彼此分享，要記得，社會上的所
有人都是一體的。

本章重點提示

Summary

倚靠你的群體

不管你的夥伴是誰，和他們一起歡笑，並且試著放心地倚靠他們吧。

把愛傳出去

對陌生人微笑，並把幸福分享出去。

向朋友學習

聽聽不同角度的觀點，或許會得到一些啟發。

對你來說，快樂的分享就像什麼呢？
在這兒寫幾個字或畫張圖，為這章總結一下吧。

第十一章　快樂的心

當我墜入愛中，我老是跌得又深、又快、又激烈。我可以愛
上某個人、某首歌，或是某個地方，我深陷其中，什麼也不
想。這種感覺太美妙了！大多數具時代意義的音樂，都在歌
頌愛情；無數電影在探究、描繪愛情打動人心的魔力；人們
為了愛情漂洋過海，夜不成眠，食不下咽。這就是愛情啊，
打心底升起的莫大幸福。

我的愛情故事

2011年，我在西班牙的伊比薩島認識了我先生。這座神奇的小島是我喜愛的地方之一，在這兒，這麼事都有可能發生，一個宜人的六月夜晚，我和傑西在這裡相遇，更讓這座小島對我別具意義。

愛情會以各種方式和不同速度降臨，不見得總在瞬間發生，但我和我先生確實是一見鍾情。我們倆的共同朋友介紹我們認識，那天剛好是他媽媽的忌日，這個巧合還挺詭異的。

那個晚上，時間似乎停止了，背景的嘈雜樂聲　點也不重要，我很難用言語形容當時以及接下來幾個月的感覺，我們愈來愈了解彼此，也找到方法成為對方生命的一部分，這絕對是魔法：超凡的情感佔據了我的身心。這樣的時刻讓我明白，我們根本無法掌控自己的人生，而這可能是一件好事——突如其來的機遇從此改變了你的世界。愛的魔法翻轉了我對一切事物的觀點。

如果你曾墜入愛河，就會知道它的魔力多麼讓人如癡如醉，如夢似幻。它看不見、摸不著、無法捕捉，只有在情投意合

的兩人相遇相知時，才會流竄在周遭能量裡。我非常幸福，
能夠體驗到愛情滋味，讓我生氣蓬勃，人生也截然不同。

愛情最初的狂熱激情進入穩定發展後，就會轉變成另一種型
態的愛，一種穩定舒適的溫暖，讓你不論到哪裡都覺得備受
支持、有安全感。它還是很棒，充滿樂趣，但不會再讓你緊
張亢奮，只會讓你沉浸在美好的感覺中。我現在的生活就立
基於這種穩定的愛之上，對此我無限感激。我很幸運，在伴
侶關係裡可以犯錯、露出傷疤和脆弱，因為兩個人的心緊緊
相繫。除了愛情之外，我們還孕育出兩個美好的孩子，並讓
我擁有很棒的繼子女。

滿盈著愛的分娩

我很感恩，能在自己小孩出生前，先體會當繼母的感覺。我
的繼子女很歡迎我進入他們的生活，沒有批評或恐懼，讓
我很感動。我很愛這兩個孩子，很高興在無常而變動的人生
中，有這麼可愛的家人作伴。

生孩子之前，我完全不曉得當媽媽是什麼感覺，直到那個下

著雪的二月早晨，我的第一個孩子誕生了，漫長又激烈的分娩過程中，我心裡湧出的愛，簡直超乎我的想像，這股力量幫助我度過洶湧而來的疼痛，也讓我大吃一驚！隨著子宮收縮到達極端，彩虹居然出現在我眼前，我這才知道極度痛苦和純粹喜悅之間的關係原來這麼緊密。宮縮的陣痛會不斷爬升，到達頂點後倏然反轉，熾烈的感受被白噪音般的喜悅所取代，太令人驚訝了，那股神奇、無可名狀的能量，又再次降臨。

生產過程進行了二十幾個小時之後，因為太過緩慢，最後我使用了無痛分娩。第一次把雷克斯抱在懷裡時，我看進他靈動的雙眼，內心頓時充滿從未有過的驚嘆和幸福感。它不像我初次跟先生對望時的那種令人暈眩的愛，也不同於我對父母的愛。那是一種全新的愛，我以前都不曉得世界上有這樣的愛。

經歷了第一次分娩的漫長過程，生女兒哈妮時我決定試試催眠生產。這次的經驗很不一樣，感受更深刻，我從不知道我的心靈力量如此強大，可以和精疲力竭的身體一起協力合作，我的身體和心靈加上小哈妮的共同努力，讓生產過程變得迅速平穩許多。我沒有給自己任何壓力，只要小孩平安出

生就好，不過，我還是很感謝自己經歷了這次充滿力量的體驗，浸潤在超凡的魔法中。

我第一眼看見小哈妮就愛上她了，那時，她正漂浮在分娩池的水面上，頂著蓬鬆的紅髮、散發出安詳的光芒。我並不知道自己還有這麼多的愛，當我抱著小哈妮時，愛就像巨浪襲捲而來。接下來我忙了好幾天，這股神奇能量一直伴隨我度過無眠的夜晚、接待川流不息的訪客，帶給我意想不到的活力。再一次，這份看不見的魔法改變了我的行事作風，以不可思議的方式推動我的生命。如果你有小孩，就會知道這份愛有多強烈，讓你不計一切地保護、照顧他們，和他們一同學習成長。就算孩子們不斷挑戰你的底線、惹出種種麻煩，你處理這些問題的時候心裡還是充滿愛。

真誠的友誼帶來永恆的愛

和很棒的人相遇並且結為好友，也會帶來滿滿的愛。我非常幸運地擁有一些我衷心喜愛、令人敬佩的好友。真心愛著好朋友時，會感受到恆久的喜悅之情，友情能夠維持一輩子，而且愈來愈堅韌。前不久，我和學生時代的好友們一起參加

請寫下生命中，曾帶給你純粹的愛的人或事。

婚禮，我們整個晚上唱歌、跳舞、又笑又鬧，婚禮結束時，我感覺全身飄飄然，心中充滿了愛。這群好友永遠不會評斷你，總是會看到你最好的那一面，他們心中永遠有你，而你心裡也永遠有他們。

注意愛的徵兆

所以，看看身邊，你感受到多少愛？我能夠從家人和朋友們身上發現愛，我也強烈鼓勵你要主動發現愛、看見愛、感受愛，永遠不能過於自滿，忘記愛有多麼美麗、多麼重要。人的一生中有好多插曲、故事和經歷，愛才是唯一有意義的事物，注意愛的徵兆、傾聽愛的聲音，把它輕捧在手裡，更要明白它總是以各種形式來來去去。

我們無法捕捉愛、囚禁愛，只能抱著順其自然的態度，任它自由翱翔。愛可能歷久彌新，也可能轉瞬即逝。我愛上一首歌時，會想要重複播放，每一次都希望聽到不一樣的東西，渴望從旋律和合唱部分得到更多快感，我會把這首歌播到感覺麻木為止，音符不再讓全身震盪，歌詞也不再引起我的共鳴。我聽得太過頭了，想要抓住喜歡的感覺，反而讓它從生

活中消逝得更快。不管是歌曲、人際關係、工作、地點或思考模式，我們都有可能會這樣做。要學會順其自然真的很難，但唯有如此我們才能真正體會萬物的美好。

溫柔地處理愛的傷痛

分手的感覺真是爛透了。就算你的心已經封閉，很想跟對方分開，分手過程還是艱難無比。過往，我常是被分手的一方，那種感覺真是痛徹心扉。愛情長跑一旦結束，會讓人感覺非常失落，生活中熟悉的一切全部走樣，魔法消失了，只在人生中留下坑坑洞洞，不知道要如何填補。多年來，找有無數次分手的經驗，我最後學到最好的方法，就是用生活樂趣，填補分手後的貧瘠深淵。

一開始，我會先度過一段哀悼期，夜晚獨自一人穿著難看的睡衣，聽一大堆悲傷的樂曲，一旦我覺得太過孤獨，就會踏出舒適圈，在生活中找點樂子。起先會覺得自己在假裝，沒多久，臉上的微笑就會感染我的心，讓我朝著快樂的航道前進，一個人也無所謂！你可以和朋友一起去跳舞，跳到腳痛為止，跟著音樂節拍舞動身體、發洩情緒，真的非常療癒。

我發現，人在剛分手後比較不介意別人對你的看法，反正沒什麼好失去的了，這正是出門跳舞的大好時機啊！放開一點，讓你的另一面在這個夜晚釋放出來吧！或者去做一些你想了很久，卻一直沒膽做的事情，像是把頭髮染成不同顏色、找個朋友去從沒去過的地方登山健行、在星空下露營、培養全新嗜好等等。總之，總之，做一些和前一段感情完全無關、卻讓你躍躍欲試、雀躍無比的事。生活中的樂趣可以填補空缺，直到愛情再次降臨。

二十九歲那年，我還單身，對人生也很迷惘。我一直幻想自己到了這個年紀應該已經結婚生子了，所以有好長一段時間我都覺得自己非常失敗。最後，我想開了，**觀念轉變**，覺得就算一輩子都碰不到適合的人也沒關係，放下期待的心，找到新的生活節奏，感覺非常好。我就是在這時遇見我先生的。因為我不再煩惱要如何找到**那個人**，而是跳開來思考，所以能夠接受新的愛情，以新的方式降臨。

我當時和一群女孩子去伊比薩島度假，完全沒料到會和未來的先生相遇，腦袋裡根本沒有這個念頭。幾個很棒的朋友安排了這次旅行，我全心沉浸在美好的友誼之中，沒想到愛情卻來了。如果你還沒找到真愛，千萬不要放棄希望，保持信

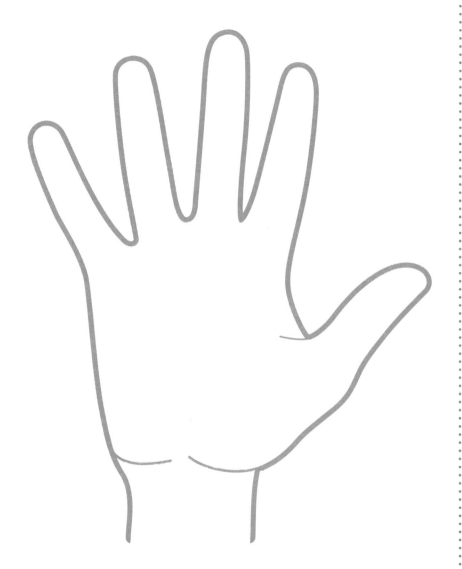

請在每隻手指上寫下一項自己的優點。每次低頭看手掌或洗手時，記得自己有這些美好的特質。愛自己是很有力量的！

心，相信你一定會找到它，或者它會找到你，並且保持心胸開放，因為眞愛的樣貌可能和你心裡所想的不一樣。

另外，失去心愛的親人或朋友是很難捱的。每個人一生中，都會有朋友或家人因爲疾病、悲劇或年老而離世，每一次的死別都令人覺得不公平、不知所措。痛失所愛產生的心靈缺口讓人痛苦萬分，因為跟他們再也無法相見。除了讓體貼的人圍繞在你身邊照顧你，我不曉得還有什麼方法可以幫助你度過悲痛。就讓自己在悲傷裡吧，不管持續多久都沒關係，順其自然，不要急著揮別悲傷，也不要麻痺情感，因為它會在你最沒有防備時全力反撲。讓悲慟沉澱，以關愛自己的方式，盡可能溫柔地處理哀痛的情緒，這些悲傷失落雖然不幸，卻會讓你重新檢視自己的人生還有生活方式，再次示現愛的力量，縱使你以爲愛已離你遠去，它還是會一直存在著，以新的意想不到的方式跟你同步呼吸，交織在你的生命之中。

266

勇敢面對自己的脆弱

只要曾在感情中受傷，要再次擁抱愛情就會很困難，因為那份脆弱讓人感到愛的危險。談戀愛很容易受傷，因為你一頭栽入另一人的世界，不曉得它會帶你朝向何方，經過這場豪賭之後，一旦失戀了，就很難再次相信愛情，你會築起藩籬保護自己，以批判的眼光審視他人，也無法想像談戀愛會有什麼好結果。如此一來，我們就陷入了破壞性的行為模式，你的行為不是基於熱情的愛，而是受到過往創傷和恐懼的驅動。不過，只要察覺自己的行為模式和角色，就能夠慢慢解開心結。經歷過心碎的痛，要再次擁抱愛情實在很讓人害怕，但只要以堅強的意志懷抱希望和信心，勇敢讓自己面對脆弱，感情之路就能走得更加順利，付出的努力一定值得。

停止破壞性的愛情

愛是多麼柔和、華美的情感，怎麼會造成負面結果呢？

如果愛情裡有毀滅性的能量不斷循環，的確可能會引領人走上孤寂之路。如果你覺得伴侶過度依賴你、對你不好，或者

這份關係讓你的日子更難過，可能就要重新評估這份感情，想想看它是否仍適合你。談戀愛總是有開心的時候，也有難過的時候，需要投注心力、互相妥協，若是負面的影響大於正面，這份愛情就不值得繼續捍衛。

愛自己

愛自己，聽起來超弱，超不「英國」的，可是愛自己就是重點啊！如果你可以真正地愛自己、接納自己以及過往的錯誤，愛要進入你的心就會簡單多了。如果你學著接納自己的所有怪癖和特質，以及它們對你的影響，就可以輕鬆接受他人對你的愛，因為你沒什麼好隱藏、逃避的，別人就更能擁抱你真實的樣子。關於愛自己，我也還需要學習和努力，我知道自己有時候會升起防衛心，因為我討厭且不接納自己的某些部分：我不喜歡自己有時候表現得太過熱情和急躁，好像輕浮的青少年；我不願意承認自己在課業上表現平平，所以每次跟高學歷的人在一起總是疑神疑鬼；我不喜歡自己有掌控欲，總是想把每件事弄得井然有序；我希望自己能夠更無憂無慮、放輕鬆過日子。和別人談話時，只要碰到這些（還有很多）地雷，我就會情緒失控，像貓一樣張牙舞爪，

除了帳單之外，誰不喜歡收到郵寄的信件呢？寫一封充滿愛的信給你愛的人，告訴對方，你為何如此愛他們。寫好之後沿著虛線剪下，今天就把信寄出去！

忘了其實是自己跟自己過不去，別人根本不在乎。不過我會繼續努力，學習接納自己的模樣，以及個人怪癖所創造出來的優勢。

如果你不愛自己，就容易把愛你的人從身邊推開，你覺得自己不可愛，所以也沒辦法坦誠地望進愛你的人的雙眼，他們的愛就像是飽含期待的壓力，當你不愛自己，這就變成了一種負擔。愛自己是非常重要的基石，需要好好加強，這樣你就可以接受更多的愛，並且知道自己值得。請不要把愛自己和傲慢混為一談了，當一個人的自尊心過度旺盛，覺得自己無可匹敵，通常代表著內心深處有「愛自己」的強大渴求。唯有接受全部的自己，並且真正實踐，才是真正地愛自己。所以好好愛自己吧，然後也讓別人來愛你。

愛……真是一種令人激動、陶醉的情感，又能改變生活、使人覺醒。我已經準備好，隨時迎接愛的到來！

本章重點提示

Summary

感受愛

找出並擁抱生命中的愛,讓它洗滌你的身心。

別讓愛遠走

將你和逝去親友間的美好回憶留存下來;他們會永遠在你心中陪著你。

愛自己

這是愛的最大關鍵。讓我們一起努力學會愛自己,也讓別人愛我們。

對你來說，快樂的心是什麼感覺呢？
在這兒寫幾個字或畫張圖，為這章總結一下吧。

後記　快樂的小事……

兒子的酒窩

女兒的亮紅色頭髮

先生講的笑話

看我的孩子和繼子們玩在一起

淡粉紅色

新的內衣（這可不常有）

新的食譜

黑膠唱片

家附近的公園起霧了

一杯好咖啡

看迪士尼動畫短片《月光光》（*La Luna*）

在超市找到停車位

雨中漫步

清理廚房的流理臺

翻閱和閨密去伊比薩島度假的照片

在伊比薩島小市集買的一雙粉紅色涼鞋

伊比薩島的一切

喝琴通寧調酒時，啜飲的第一口

下飛機，享受炎熱天氣

躺在床上專心看一本新書

躺在草地上仰望天空

攪拌蛋糕麵糊

幫別人買生日禮物

黑巧克力，用含的，不要嚼

躺在吊床裡

晚上鑽進毯子裡

剛塗好指甲油的腳指甲

聆聽大海的聲音

食物裡的大蒜

回憶奶奶以前給我吃的全麥麵包，上面塗著果醬和有鹽奶油

在繽趣（Pinterest，分享圖片的社群網站）上瀏覽廚房照片

將蛋糕體組合起來

重新擺放家具

捐物品給慈善商店

快樂啊，你就像一道燦爛溫暖的陽光，我好愛你憑空乍現，
帶給我驚喜，以及你撥開烏雲，讓我嘴角上揚的神奇能力。

我人生中許多特別時刻，你都沒有缺席，我無限感激。

我喜歡你仍然跟一些難忘的回憶連結在一起，我有一整箱值
得回味的美好時光，每次回想都覺得好神奇，就像在看電影
一樣，我真幸運可以沐浴在你的光輝之下。

我知道，要真正迎接你進入我的生命，必須每天練習，不要
讓你淹沒在一成不變的生活中。我必須躺進你的懷抱，然後
在經歷其他重要的情緒時，放手讓你走。我要記得，只要放
寬眼界、敞開心房，你一定會回到我身邊，我每天都可以作
出這個選擇，所以我很努力將它牢記在心。

謝謝你曾經好幾次離開我，讓我知道有沒有你真的差很多。
那些日子既空洞又冰冷，真切地提醒我，有你相伴的時光是
多麼甜美，也讓我窺見自己內心從未碰觸過的另外一面，雖
然很難熬，但你的消失和遠離讓我看到了其中的價值。好幾
次我都以為我永遠失去你了，現在我很清楚地知道，你總是
在不遠處，等著回來。

我喜歡你以許多不同的形式、在最出乎意料之外的時刻出
現，當我的眼光轉向別處時，也總是在期待你突然現身。就
算你銷聲匿跡，我還是會保持信心，敞開胸懷等待你回來，
然後，我會將你四處傳送出去，跟大家分享。

這就是你的美麗之處啊，快樂，你的腳步從不停歇，總是到
處遊歷……

快樂的感謝

現在，我要衷心向許多人表達深深的感謝。我要從你開始，謝謝你在書店或線上平台看到這本書，覺得它會帶給你的生命一點力量。這也是我的期望，所以我很開心本書的封面吸引了你的目光和興趣。動筆寫這本書讓我滿緊張的，所以你決定要打開、閱讀，對我意義重大。希望本書能幫助你看見生活中的快樂，以及獲得它的最好方法。**謝謝你。**

非常感謝獵戶座春天出版社（Orion Spring）的亞曼達（Amanda）和艾蜜莉（Emily），再次讓我醞釀靈感、沉思、自由創作，在我擔憂的時候給予很棒的建議和指導，讓我的心情穩定下來。我非常感激你們兩位對這個寫作計畫的支持和信心，讓這本書能夠穩定進行。

感謝芬尼斯勞頓公司（Furniss Lawton）的洛溫（Rpwan）先生，督促我按進度完成這個深度寫作計畫，也在必要之時鼓勵我。感謝詹姆斯格蘭特集團（James Grant）的瑞秋（Rachel）、莎拉（Sarah）、克蕾兒（Claire），以及瑪莉（Mary），你們是我專屬的夢幻組合，不斷地在一旁歡呼加油、鼓舞士氣，當然有時候也會叫我閉嘴、不要再囉嗦。

你們的坦誠、愛護和友誼對我意義非凡，你們是我親愛的好姐妹。

有個人我也得好好感謝一番，就是我親愛的先生，你看著我在筆電上打字看了快一整年。你會給我泡杯熱茶，偶而幫我按摩肩膀，為我補充體力，你也是很棒的聽眾，任我傾吐憂慮。我深陷低潮時，你以深深的愛和冷靜態度，攙扶我蹣跚度過。謝謝你，傑西，我的靈魂伴侶！

感謝我的孩子和繼子們，有你們真好。每天，你們每個人都教導我好多有關人生和愛的課題，為這段寫作過程提供心靈的養分。我愛你們！

感謝我的家人和朋友，你們都超棒的，多年來給我許多建議和愛。你們的言語和智慧對我的人生和這本書影響甚大。

潔西‧梅（Jessie May），謝謝你為本書繪製了如此美麗的插圖，和我的畫作一起搭配。你對這個主題很了解，再加上我倆的友誼，讓你成為這份工作的不二人選！

薇風老師，謝謝你教我瑜珈，以及它如何改善我們的生活。

我好喜歡上你的課，你對人生和愛的見解讓我獲益良多，也謝謝你為這本書編寫出這麼棒的瑜珈體位。

傑瑞，我很感謝你的友誼和實事求是的建議。你的鐘擺理論和良善言語，總是讓我得以從全新角度思考事情。多年來我從你那裡學到很多，所以得知你願意為這本書的內容出力時，我開心到像飛上天一樣。

湯姆‧弗萊徹，這本書我可以寫得這麼坦誠，原因之一是看到你開放的作風和人生觀。再次感謝你分享你的經驗。

荷莉‧克魯茲，謝謝妳編想出這麼美麗的冥想法。我幾乎可以聽見妳那沉穩、平緩的嗓音迴盪在書頁間呢！

克雷格‧大衛，謝謝你。你的正面態度和樂觀精神帶給我無限啟發，感謝你為了這個計畫撥出時間和我聊聊。

克莉絲，謝謝妳這位最佳拍檔，激勵了我以及成千上萬的人們。謝謝你讓我為你設計刺青圖樣，現在已紋在你胸前，讓你引以為傲。你超酷的！

利亞姆‧亞瑟（Liam Arthur），謝謝你為本書拍攝照片，過程很好玩，充滿了音樂旋律，帶給我很多快樂。

班‧嘉地納（Ben Gardiner），感謝你將這本書設計得非常到位，我很幸運，有機會和你們這群傑出的夥伴一同工作。

謝謝你，海頓叔公，我好高興我們又重新連上線，和你用電子郵件交流真的很美好，你分享的新鮮事總是為我的生活帶來清新氣息，也謝謝你在這本書裡分享人生故事。

感謝人家，祝福你們都過得開心快樂。

國家圖書館出版品預行編目（CIP）資料

快樂一點點就好 Happy ／ 菲恩‧卡頓（Fearne Cotton）著.
陳冠瑜譯 . -- 初版 . -- 新北市：小貓流文化出版：遠足文化發
行 , 2018.11
　　面；　公分
　　譯自：Happy
　　ISBN 978-986-96734-1-9（平裝）

1. 快樂 2. 生活指導

176.51　　　　　　　　　　　　　　　　　　107018175

快樂一點點就好
Happy–Finding joy in everyday and letting go of perfect

作　　　者　菲恩‧卡頓 （Fearne Cotton）
譯　　　者　陳冠瑜

總　編　輯　瞿欣怡
文 稿 協 力　莊慧秋
責 任 編 輯　王祿容
美 術 設 計　Javic 工作室
排　　　版　游淑萍

社　　　長　郭重興
發 行 人
兼出版總監　曾大福

出　版　者　小貓流文化
發　　　行　遠足文化事業股份有限公司
地　　　址　231 新北市新店區民權路 108-4 號 8 樓
電　　　話　02-22181417
傳　　　真　02-22188057
郵 政 劃 撥　帳號：19504465　戶名：遠足文化事業有限公司

法 律 顧 問　華洋法律事務所 / 蘇文生律師
印　　　刷　凱林彩印股份有限公司

共和國網站　www.bookrep.com.tw
小貓流網站　http://www.facebook.com/meowaytw/

定　　　價　380 元
初　　　版　2018/12/1
I　S　B　N　978-986-96734-1-9